Ateliers
RENOV'LIVRES S.A.
2003

INSTRUCTION
SUR
L'EXERCICE
DE
L'INFANTERIE.

Du 14 Mai 1754.

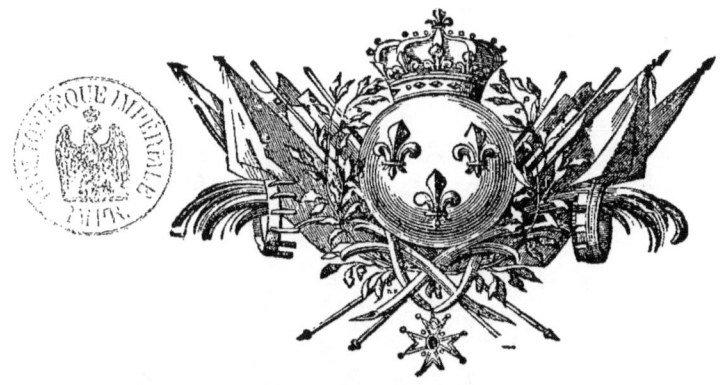

A PARIS,
DE L'IMPRIMERIE ROYALE.

M. DCCLIV.

TABLE
DES
TITRES CONTENUS DANS L'INSTRUCTION SUR L'EXERCICE DE L'INFANTERIE,
du 14 Mai 1754.

Des obligations des Officiers, & de la manière dont ils doivent porter leurs armes & en saluer, ainsi que les Sergens. . . . . Page 2

De l'École du Soldat. 10

De la formation & assemblée des Bataillons. . 17

Du Maniement des armes. 30

De la Marche. 55

Des Manœuvres par rangs & par files. . . 60

Des Évolutions pour rompre & reformer les Bataillons. 67

De la Colonne. 77

De l'Exercice du feu. 83

Des Batteries des Tambours, & des signaux relatifs aux évolutions. 90

Des Revûes. 93

INSTRUCTION

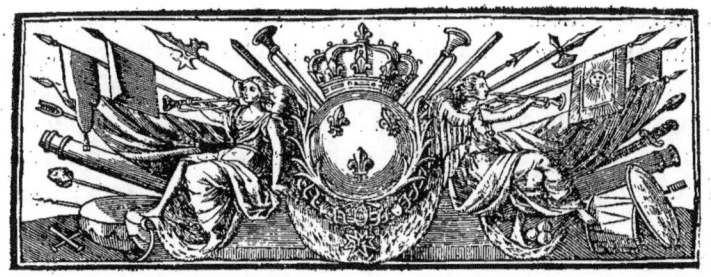

INSTRUCTION
SUR L'EXERCICE
DE
L'INFANTERIE.
Du 14 Mai 1754.

LE ROI s'étant fait rendre compte des différentes observations qui ont été faites, tant dans les camps que dans les garnisons, concernant les Instructions que Sa Majesté a fait dresser l'année dernière pour l'exercice de l'Infanterie; Elle a fait rassembler dans la présente Instruction, tout ce qu'Elle avoit réglé précédemment sur cette matière, avec les changemens qu'Elle a jugé à propos d'y faire : son intention étant que l'on s'y conforme exactement, non seulement dans ses régimens d'Infanterie françoise, mais encore dans tous les corps d'Infanterie étrangère qui sont à son service; à l'exception seulement des arrangemens particuliers qui,

A

étant dépendans de la formation actuelle des régimens françois, peuvent ne pas être praticables dans toutes leurs parties par les régimens étrangers, relativement à la différence de leur composition : auquel cas Sa Majesté entend que lesdits régimens étrangers se rapprochent, autant qu'il leur sera possible, de ce qu'Elle prescrit, quand ils ne pourront l'exécuter entièrement, afin que toutes ses troupes concourent à l'uniformité qu'Elle a pour objet d'établir dans leur service.

DES OBLIGATIONS DES OFFICIERS,
Et de la manière dont ils doivent porter leurs armes & en saluer, ainsi que les Sergens.

Savoir exécuter ce qu'ils doivent commander. LES Capitaines, Lieutenans, Sous-lieutenans & Enseignes seront tenus de savoir exécuter & commander les différens pas & le maniement des armes ; & les nouveaux Officiers ne seront reçûs à leurs emplois qu'après que leur capacité à cet égard aura été reconnue par l'épreuve qui en sera faite en présence du Commandant du régiment, & de celui de la place où il sera en garnison.

Exercice des Officiers. LES Lieutenans, Sous-lieutenans & Enseignes seront exercés ensemble le 3 & le 18 de chaque mois, par un Officier major qui les commandera l'épée à la main ; & s'il y en avoit encore quelques-uns qui ne fussent pas suffisamment instruits, ils seront exercés séparément tous les jours l'après midi, aussi par un Officier major, jusqu'à ce qu'ils soient en état d'être exercés avec les autres.

Les Commandans des Corps se trouveront, le plus souvent qu'il leur sera possible, aux exercices des Lieutenans, Sous-lieutenans & Enseignes; & lorsque quelque cas imprévû les empêchera d'y aller, ils auront soin de faire avertir les plus anciens Officiers, afin qu'ils s'y trouvent à leur place.

Il sera commandé tous les jours un Capitaine en pied par régiment composé d'un ou de deux bataillons, & deux Capitaines dans les régimens de trois ou de quatre bataillons, pour exercer par première & seconde classe les troupes destinées à monter la garde. *Exercice de la garde.*

Les Officiers subalternes seront présens tous les jours aux exercices du quartier, & il sera commandé un Capitaine par bataillon pour s'y trouver, lequel aura la plus grande attention à examiner si tous les Soldats du bataillon seront effectivement exercés de la manière dont ils doivent l'être. Il ne souffrira pas qu'on leur passe la moindre négligence, & il sera tenu d'en rendre compte au Commandant du corps, ainsi que de la présence des Officiers subalternes. *Exercice du quartier.*

Toutes les fois que le bataillon ou le régiment prendra les armes pour s'exercer, les Officiers salueront de leurs armes de pied ferme, & en marchant, & les Enseignes du drapeau, le Commandant étant à leur tête; & ledit Commandant décidera du lieu & du moment où le salut devra se faire. *Saluer à l'exercice.*

Tous les Officiers seront armés d'espontons, & les Sergens de hallebardes, à l'exception des Officiers & Sergens des compagnies de Grenadiers, qui porteront des fusils. *Armement.*

A ij

Se repofer   QUAND les Officiers d'Infanterie feront repofés à la
fur l'efponton. tête de leur troupe, ils auront les deux pieds égaux
devant eux, les talons ouverts. Ils tiendront leur efponton
de la main droite à côté d'eux, le bras tendu à la hauteur de l'épaule, le pouce le long de la hampe, le
talon de l'efponton à terre, à fix pouces du pied droit,
& la main gauche pendante fur le côté.

Porter   QUAND ils marcheront à la tête ou à la queue de
l'efponton. leur troupe, ils porteront l'efponton fur le bras gauche:

     EN deux temps : au premier, la main droite s'élevant
à la hauteur de l'œil, portera l'efponton du côté gauche,
entre la tête & l'épaule, dans une fituation perpendiculaire; & la main gauche faifira en même temps l'efponton,
le faifant paffer entre le premier & le fecond doigt, le
poignet en dehors, le bras tendu de toute fa longueur.

     Au deuxième, la main droite quittera l'efponton &
tombera enfuite fur la droite, & la gauche le portera l'appuyant au défaut de l'épaule gauche, un peu incliné fur
la gauche, ayant le talon vis-à-vis l'intervalle des deux
jambes.

Quand les Officiers feront dans les rangs, ils porteront leur efponton de la même manière.

Entrer   POUR faire paffer dans le rang les Officiers qui feront
dans le rang. repofés fur l'efponton à la tête de leur troupe, le Major
avertira :

Meffieurs les Officiers, dans le rang.

     ILS commenceront par porter en deux temps l'efponton
de la main droite fur le bras gauche.

     Ils feront enfuite demi-tour à droite pour entrer dans
le rang, ou paffer derrière leur troupe s'ils doivent être

de ferre-file, & fe remettront par un demi-tour à droite quand ils feront arrivés à leur place.

QUAND on voudra faire fortir les Officiers des rangs, pour fe replacer à la tête de leur troupe, le Major avertira : *Sortir du rang.*

Meffieurs les Officiers, à la tête de vos troupes.

LE changement de pofition de l'efponton fe fera en deux temps, après que les Officiers étant fortis du rang fe feront placés à la tête de leur troupe.

Au premier, la main gauche redreffant l'efponton pour le rendre perpendiculaire, on l'empoignera de la main droite à la hauteur de l'œil.

Au deuxième, la main gauche quittant l'efponton, tombera fur la cuiffe gauche, & on le pofera à terre de la main droite, comme il a été dit.

L'OFFICIER étant repofé fur l'efponton à la tête de fa troupe, faluera en quatre temps : *Salut de l'efponton de pied ferme.*

Au premier, il fera à droite, portant l'efponton de biais, le talon en avant, élevé à deux pieds de terre feulement, le bras tendu à la hauteur de l'épaule, & la main gauche empoignera l'efponton environ trois pieds au deffus du talon.

Au deuxième, la main droite quittant l'efponton, la gauche le fera tourner doucement jufqu'à ce que la lance foit baiffée en avant près de terre, & que le talon vienne joindre la main droite, qui fera toûjours à hauteur de l'épaule.

Au troifième, il ramènera l'efponton dans la même fituation où il étoit à la fin du premier temps.

Au quatrième, il fe remettra par un à gauche, comme il étoit avant de faluer.

Il ôtera enfuite fon chapeau de la main gauche, & ne le

remettra que quand celui qui reçoit le falut l'aura dépaffé de quelques pas.

L'Officier qui falue doit avoir attention de commencer fes mouvemens affez à temps pour que, lorfqu'il baiffera la lance de l'efponton, la perfonne à laquelle il rend le falut foit encore éloignée de trois pas, afin que quand elle fera vis-à-vis de lui il foit remis à fa place.

Il obfervera auffi, fi cette perfonne vient par la gauche, de faire un demi à gauche avant de commencer le falut, afin de ne lui pas tourner le dos lorfqu'il fera à droite.

Salut de l'efponton en marchant.

POUR faluer de l'efponton en marchant, lorfque l'Officier portant l'efponton fur le bras gauche, fera à environ trente pas de la perfonne à qui le falut eft dû, il portera l'efponton fur l'épaule droite en trois temps :

AU premier, il empoignera l'efponton de la main droite à la hauteur de l'œil.

AU deuxième, il le portera devant lui fur la droite, le tenant perpendiculaire, le bras tendu en avant.

AU troifième, il le mettra fur l'épaule droite, le tenant plat, le coude à la hauteur de l'épaule.

L'Officier qui fera ces mouvemens, aura attention de s'éloigner de trois pas du rang, afin qu'en renverfant l'efponton fur fon épaule, la lance ne puiffe pas bleffer les Soldats qui le fuivent.

Il continuera à marcher dans cette pofition d'un pas égal, jufqu'à ce qu'il foit à neuf ou dix pas de la perfonne qui devra être faluée, & alors le falut fe fera en fix temps :

AU premier, en avançant le pied gauche & effaçant le

corps comme si on faisoit à droite sur le talon droit, on portera l'esponton devant soi, le tenant plat à la hauteur des épaules, la main gauche à trois pieds du talon.

Aux deuxième & troisième temps, en avançant successivement le pied droit & le pied gauche, on fera tourner l'esponton de la main gauche, comme il a été dit pour le salut de pied ferme; observant que l'esponton se trouve droit lorsque le pied droit arrivera à sa place, & que la lance soit près de terre lorsque le pied gauche arrivera à la sienne.

Aux quatrième & cinquième temps, on fera les mouvemens contraires à ceux qui auront été faits aux deuxième & troisième; observant de même que l'esponton se trouve droit à la fin du pas qui sera fait du pied droit, & qu'il se trouve plat après qu'on y aura joint la main droite, le pied gauche arrivant à terre.

Au sixième temps, en avançant le pied droit, on remettra l'esponton sur l'épaule droite; ensuite avançant le pied gauche, on ôtera le chapeau, que l'on portera à la main à côté de soi, jusqu'à ce qu'on ait dépassé tous ceux à qui on doit honneur: après quoi on le remettra sur la tête, & quelques pas au-delà on ôtera l'esponton de dessus l'épaule pour le porter sur le bras gauche.

Les Capitaines & Lieutenans de chaque division, ne formeront qu'un rang pour saluer ensemble en marchant.

Les Officiers portant l'esponton, ne règleront point leurs temps sur ceux des Officiers portant le fusil, lorsqu'ils salueront ensemble.

Les Officiers des Grenadiers porteront en toute oc- *Porter le fusil.* casion le fusil sur le bras gauche; & quand la troupe aura la bayonnette au bout du fusil, ils l'y auront de même.

Se repofer fur le fufil. QUAND ils auront à fe repofer fur le fufil, comme pendant le maniement des armes, & dans les haltes qui feront un peu longues, ce mouvement fe fera en trois temps.

AU premier, ils porteront la main droite au deffous de la platine, en détachant l'arme du corps, & la détournant avec la main gauche, de façon que le fufil foit fur fon plat, les poignets élevés à la hauteur des coudes.

Au deuxième, retournant le fufil de la main droite, la foûgarde en dehors, la main gauche faifira le fufil au deffus de la platine, & la droite fe portera au bout de la monture, à la hauteur du chapeau, tenant le fufil perpendiculaire, la croffe vis-à-vis la pointe du pied droit.

Au troifième, ils laifferont tomber la croffe du fufil à terre, à côté de la pointe du pied droit, & la main gauche retombera à fa place.

Reprendre le fufil. LORSQUE de cette attitude les Officiers voudront remettre le fufil fur le bras, ce mouvement fe fera pareillement en trois temps.

AU premier, ils éleveront le fufil avec la main droite, de deux pieds de terre, le rapprochant du corps pour que la main gauche puiffe le faifir au deffus de la platine.

Au deuxième, lâchant le fufil de la main droite, pour la porter derrière le chien, ils replaceront le fufil fur le bras gauche comme il étoit précédemment.

Au troifième, ils laifferont tomber la main droite le long du corps.

Salut du fufil. LES Officiers de Grenadiers falueront de pied ferme, en quatre temps.

AU premier, faifant à droite, on obfervera de bien empoigner le fufil de la main droite, derrière le chien,

tandis

tandis qu'on le quittera de la main gauche, & on le portera fur la droite, le bras tendu à hauteur de l'épaule.

Au deuxième, on baiffera le bout du fufil à terre, le foûtenant de la main gauche, qu'on aura portée en avant, & fur laquelle on l'appuyera à deux travers de doigt de la foûgarde.

Au troifième, on fe remettra comme on étoit à la fin du premier temps.

Au quatrième, on fe replacera par un à gauche, & on joindra la main gauche au fufil ; après quoi on ôtera le chapeau de la main droite, & on le remettra comme il a été dit au falut de l'efponton.

On aura la même attention de commencer ces mouvemens affez tôt, pour que le falut du fufil fe faffe trois pas en avant de la perfonne ; & fi elle venoit par la gauche, de les faire précéder par un demi à gauche.

Ces Officiers falueront de la même manière en marchant.

Le premier temps fe fera en avançant le pied gauche, dix pas avant d'être vis-à-vis de la perfonne qu'on devra faluer.

Le deuxième, en faifant deux autres pas, de façon que le bout du fufil arrive près de terre en même temps que le pied gauche pofera en avant.

Le troifième, en faifant le quatrième & le cinquième pas.

Le quatrième, en avançant le pied droit.

Les Enfeignes appuyeront le talon de leur drapeau fur la hanche droite le tenant un peu de biais. *Salut du drapeau.*

Lorfqu'ils devront faluer, ils en baifferont doucement la lance jufqu'auprès de terre, la releveront de même,

B

& ôteront enfuite leur chapeau de la main gauche.

Ils prendront leur temps de façon que quand ils baifferont le drapeau il s'en manque de quelques pas que celui qu'ils falueront ne foit vis-à-vis d'eux, & ils auront attention de baiffer enfemble les drapeaux & de les relever de même.

Sergens. Les Sergens porteront leur hallebarde de la même manière que les Officiers porteront l'efponton.

Les Sergens de Grenadiers porteront leur fufil de même que les Officiers de ces compagnies.

Les Sergens ne feront d'autre falut qu'en ôtant leur chapeau de la main gauche quand ils feront repofés fur la hallebarde, & de la main droite quand ils la porteront fur le bras gauche.

E'COLE DU SOLDAT.

Séparation en deux claffes. Les Sergens, Caporaux, Anfpeffades & Soldats qui avoient été ci-devant admis à la première claffe, feront exercés chacun en particulier à l'exécution de tout ce qui leur eft préfcrit par la préfente inftruction; & ils ne feront enregiftrés de nouveau dans cette première claffe, que quand ils en feront parfaitement inftruits.

Alors on leur confiera l'inftruction de la feconde claffe compofée du refte du régiment, en repartiffant par compagnie aux Sergens, Caporaux & Anfpeffades, & à leur défaut aux Soldats qui compoferont la première claffe, ceux qui ne feront pas fuffifamment inftruits pour les former fuivant la même méthode qui leur aura été apprife.

QUAND ces hommes chargés d'instruire les autres croiront avoir mis quelqu'un en état de passer à la première classe, ils le présenteront d'abord aux Officiers de leur compagnie qui l'examineront avec attention : s'ils ne le trouvent pas encore assez exercé, ils refuseront de l'y admettre ; si au contraire l'homme présenté leur paroît dans le cas d'être reçû, lesdits Officiers le proposeront eux-mêmes au Commandant du régiment, qui le verra s'il le juge à propos, & le fera examiner par les Officiers majors. Les fautes les plus légères suffiront pour le refuser ; & nul ne pourra passer de la seconde classe à la première sans avoir subi ce dernier examen. *Passage de la seconde classe à la première.*

LORSQUE tout le régiment, ou la plus grande partie, aura passé à la première classe, on distribuera chaque compagnie en escouades de cinq ou six Soldats qui continueront d'être exercés par les Caporaux, Anspessades ou anciens Soldats les plus instruits de ladite compagnie, lesquels seront personnellement responsables du succès des exercices de leurs escouades vis-à-vis des Sergens, & leur en rendront compte. Les Sergens se trouveront eux-mêmes à ces exercices toutes les fois qu'ils n'en seront point empêchés pour leur service, ou pour d'autres soins indispensables attachés à leur place ; & ils en répondront aux Officiers, qui s'en prendront directement à eux lorsqu'ils remarqueront du relâchement & de la négligence de la part du Soldat. *Formation des escouades.*

LES Soldats de la seconde classe seront exercés tous les matins par les Sergens, Caporaux, Anspessades ou Soldats de la première classe auxquels ils auront été repartis, & ces exercices particuliers se feront sur le *Jours des exercices.*

B ij

rempart ou fur la place du quartier, ou même dans la chambre quand le temps ne permettra pas de fortir.

Les Soldats de la première claffe feront exercés au quartier tous les dimanches par le Chef de l'efcouade duquel ils feront : les Caporaux & Anfpeffades le feront tous les mardis après midi par les Sergens de leurs compagnies, & ceux ci tous les 2, 12, & 22 de chaque mois, auffi après midi, par les Officiers majors.

Remplacement des abfens. Si le Chef d'une efcouade fe trouve de fervice, malade ou abfent le jour fixé pour les exercices de la première claffe, le Soldat de cette efcouade le plus ancien & en même temps le plus capable l'exercera à fa place.

Le plus ancien & le plus capable des Caporaux exercera de même les Caporaux & Anfpeffades, à la place du Sergent qui pourroit manquer.

Grenadiers. Les compagnies des Grenadiers feront exercées de même que celles de Fufiliers.

Permiffion de travailler. Il ne fera donné de permiffion de travailler à aucun Soldat que lorfqu'il aura été admis à la première claffe, & cette permiffion ne le difpenfera jamais de fe trouver à l'exercice du dimanche; fi on s'aperçoit qu'il fe foit négligé, il fera remis à la feconde claffe, & la permiffion de travailler lui fera retirée jufqu'à ce qu'il foit rentré dans la première.

Soldat en faute, remis Ceux qui après avoir été admis à la première claffe fe trouveront en défaut fur quelque partie de l'exercice que

ce foit, feront remis à la feconde, non feulement pen- *à la feconde*
dant le temps néceffaire pour corriger ce défaut, mais *claffe.*
encore quelques jours au-delà, felon que la faute qu'ils
auront commife fera plus ou moins grande ; & fi cette
faute provenoit d'une mauvaife habitude contractée depuis
long temps par la négligence du Sergent & du Chef
d'efcouade, ce Sergent & ce Chef d'efcouade feront punis
très-févèrement, ainfi que le Soldat.

LA troupe deftinée à monter la garde fera exercée *Garde*
par première & feconde claffe immédiatement après la *montante.*
première infpection faite au quartier, & dans le lieu même
où cette infpection aura été faite ; ceux de la première
claffe par un Capitaine en pied commandé à cet effet,
& ceux de la feconde par le Sergent le plus ancien de
ceux qui monteront la garde, lequel fera aidé par les
autres Sergens & Caporaux montant la garde, fuivant le
nombre.

ON exercera tous les deux jours, l'après-midi, quatre *Exercice de*
compagnies par bataillon, formant au moins foixante- *quatre com-*
quatre hommes de la première claffe : ces compagnies *pagnies par*
feront nommées chacune à leur tour, & les Caporaux & *bataillon.*
Anfpeffades feront difpenfés de cet exercice, hors le cas
où ils deviendront néceffaires pour compléter le nombre
de foixante-quatre.

LES exercices confifteront à apprendre aux Soldats à *En quoi*
marcher les différens pas prefcrits ci-après, & à exécuter *confifteront*
les commandemens du maniement des armes. *les exercices.*

ON commencera par leur faire marcher fans armes *Marche des*
le pas ordinaire : quand le Soldat l'exécutera comme il *différens pas.*

B iij

convient, & qu'il y fera bien affermi, on paffera à l'exercice du petit pas, & on ne viendra au pas redoublé que quand les hommes exercés feront bien fûrs des deux premiers pas.

Forme du pas. ON obfervera que le pas foit toûjours fait en un temps; que la jambe tendue foit portée en avant fans affectation, le pied rafant de près la furface du terrein fur lequel on marchera, la pointe baffe & pofant à terre de manière que chaque partie y appuie en même temps.

Lignes divifées. POUR accoûtumer les Soldats à former les pas régulièrement, on tracera des lignes divifées par pieds, & on les exercera à les parcourir, de manière que dans l'efpace d'une minute ils faffent exactement foixante pas ordinaires ou petits pas, & le double de pas redoublés, afin que, ayant contracté l'habitude de cette mefure d'efpace & de temps, ils la fuivent de même lorfqu'ils marcheront dans le bataillon.

Pour s'arrêter. ON accoûtumera le Soldat à s'arrêter au mot de *halte*, & à placer fur le champ, après ce commandement fait, le pied qui eft derrière fur le même alignement de celui de devant.

Marche avec armes. LORSQUE les Sergens, Caporaux, Anfpeffades & Soldats auront été fuffifamment exercés à marcher en avant fans armes, on les fera marcher avec leurs armes, d'abord un à un, enfuite deux à deux & en plus grand nombre, fur un, deux, trois & fix rangs, tantôt à rangs ouverts, tantôt à rangs ferrés, ayant attention qu'ils marchent bien droit devant eux, les épaules toûjours alignées.

Jonction QUAND pour exécuter ces marches fur plufieurs rangs ou pour l'exercice du feu, on joindra plusieurs escouades *de plusieurs* enfemble, le plus ancien des Caporaux, Anfpeffades ou *escouades.* Soldats prépofés à ces efcouades, les commandera.

LES Sergens, Caporaux, Anfpeffades & Soldats étant *Pas de côté.* bien inftruits à marcher les différens pas en avant, on leur montrera enfuite à faire le pas oblique, & le pas de côté fur le même alignement, l'un & l'autre de gauche à droite & de droite à gauche, obfervant que les jambes foient toûjours bien alignées, & que l'obliquité du mouvement foit la même pour tous les hommes qui devront fe mouvoir enfemble fur des directions parallèles entre elles, pendant toute la durée du mouvement.

On les accoûtumera auffi, en marchant ces pas, à s'arrêter & fe dreffer au mot de *halte*.

LES Tambours feront exercés à marcher de même *Tambours.* que les Soldats.

LE Soldat étant habitué aux différens pas, on l'inftruira *Maniement* au maniement des armes conformément à ce qui eft *des armes.* prefcrit ci-après.

On les prendra d'abord un à un, & on leur fera exécuter tous les temps avec vivacité & précifion.

On les mettra enfuite deux à deux & jamais en plus grand nombre, & on prendra garde qu'ils partent bien enfemble.

Le Soldat de la gauche devant fe règler fur les mouvemens de celui de la droite, on les fera changer de place alternativement.

Exercice du feu. A L'ÉGARD de l'exercice du feu, pour mettre en joue, tirer & recharger les armes, les Soldats après y avoir été exercés féparément & fucceffivement, fur les mouvemens particuliers à chaque rang, y feront employés plufieurs à la fois fur trois rangs, la bayonnette au bout du fufil; & on les accoûtumera à tirer, & à recharger avec promptitude, abrégeant alors autant qu'il fera poffible les intervalles des temps ci-après prefcrits pour le maniement des armes : on obfervera néanmoins que le Soldat mette bien en joue, qu'il ajufte en tirant, & qu'il charge bien fon fufil, & l'exactitude à cet égard fera préférée à la vivacité du feu.

Exercice des bataillons & régimens. INDÉPENDAMMENT des exercices particuliers ci-deffus ordonnés, chaque bataillon fera exercé en entier, au moins une fois tous les huit jours, depuis le premier mai jufqu'au premier feptembre, & tous les bataillons d'un même régiment le feront enfemble une fois en quinze jours.

Dans les huit autres mois de l'année, les bataillons s'exerceront une fois tous les quinze jours, & ceux d'un même régiment s'exerceront enfemble tous les mois.

Les Soldats de la feconde claffe ne feront point confondus dans ces exercices avec ceux de la première claffe, & ils feront exercés enfemble à l'écart fur la gauche, ou derrière le bataillon ou le régiment.

Exercices remis. QUAND il furviendra quelque circonftance qui empêchera de faire aux jours prefcrits les exercices généraux ou particuliers, ils feront renvoyés au lendemain.

DE LA
FORMATION ET ASSEMBLÉE
DES BATAILLONS.

Toutes les fois que l'Infanterie prendra les armes, en quelque occasion que ce soit, elle sera formée sur trois rangs ; mais quand on voudra l'exercer aux évolutions, on lui fera doubler les files pour la mettre à six de hauteur, excepté les Grenadiers & les piquets qui resteront à trois de hauteur, à moins d'un ordre contraire. *Sur trois rangs & sur six.*

Les compagnies d'un même bataillon seront toûjours couplées deux à deux pour former des pelotons dans l'ordre suivant, soit pour camper, pour le logement, pour l'ordre de bataille, ou pour marcher : la première & la septième compagnies formeront le premier peloton qui fermera la droite du bataillon ; la deuxième & la huitième compagnies formeront le deuxième peloton qui fermera la gauche du bataillon ; la troisième & la neuvième compagnies formeront le troisième peloton qui se placera sur la gauche du premier peloton ; la quatrième & la dixième compagnies formeront le quatrième peloton qui se placera sur la droite du deuxième peloton ; les cinquième & sixième pelotons formés l'un des cinquième & onzième compagnies, & l'autre de la sixième & de la douzième, rempliront successivement dans le même ordre le centre du bataillon. *Pelotons.*

Les premières compagnies de chaque peloton en prendront la droite dans le premier, le troisième & le cinquième pelotons, & la gauche dans le deuxième, le quatrième & le sixième pelotons.

C

Grenadiers. LA compagnie des Grenadiers fe mettra à la droite du bataillon quand il fera formé par la droite, & à fa gauche quand il fera formé par la gauche.

Piquets. IL fera commandé un piquet par bataillon, compofé d'un Capitaine, un Lieutenant, deux Sergens, quarante-huit Fufiliers & un Tambour : ce piquet fe formera à la gauche du bataillon fi le bataillon eft formé par la droite, & à fa droite fi le bataillon eft formé par la gauche.

Si la compagnie de Grenadiers étoit féparée du bataillon, il feroit commandé deux piquets, dont le premier fe mettroit à la droite, & le fecond à la gauche du bataillon.

Ordre renverfé. ON avertira une fois pour toutes, que l'ordre des droites & des gauches, établi pour les troupes qui devront fe former par la droite, fera inverti dans celles qui fe formeront par la gauche ou qui marcheront à colonne renverfée.

Arrangement des bataillons. LES bataillons d'un même régiment fe placeront alternativement à droite, à gauche & au centre, obfervant de former dans l'ordre renverfé, non feulement le bataillon qui fermera la gauche du régiment, mais encore le troifième bataillon, qui dans les régimens de quatre bataillons fe formera à la gauche du premier bataillon ; ce qui ne changera rien à la difpofition des piquets dans les camps, dont le faifceau fera toûjours à la droite de chaque bataillon, excepté dans les brigades qui fermeront les gauches des lignes, où le faifceau du piquet de chaque bataillon de ces brigades fera à la gauche defdits bataillons.

Places des Officiers. LORSQUE les régimens feront en bataille fur trois rangs ouverts, les Officiers feront à la tête de leurs troupes; le Colonel quatre pas en avant du centre du cinquième peloton du premier bataillon, le Lieutenant-colonel un pas en arrière à fa gauche, les Commandans de bataillons quatre pas en avant du centre du cinquième peloton de leur bataillon; les Capitaines des compagnies qui formeront les droites des pelotons, à la droite, & deux pas en avant du premier rang de leur compagnie; les Lieutenans un pas en arrière à leur gauche, les deux Sergens à la droite du premier & du troisième rangs : cet ordre fera renversé dans les compagnies des gauches des pelotons. Le Capitaine des Grenadiers à la tête du centre de fa compagnie, deux pas en avant; le Lieutenant un pas derrière le Capitaine, fur fa droite; & le Lieutenant en second fur fa gauche; les deux Sergens à la droite du premier & du troisième rangs. Le Capitaine de piquet fera à la tête de fa troupe deux pas en avant; le Lieutenant à fa gauche un pas en arrière; les deux Sergens fermeront la gauche du premier & du troisième rangs.

Quand on fera ferrer les rangs, les Officiers prendront les places ci-après indiquées : le Colonel fe tiendra au centre du cinquième peloton de fon bataillon, trois pas en avant du premier rang; le Lieutenant-colonel à fa gauche un demi-pas en arrière; les Commandans de bataillon au centre & à la diftance de trois pas du front du cinquième peloton de leur bataillon; les Capitaines des Grenadiers & du piquet refteront dans la même pofition à la tête de leurs troupes. Les autres Officiers entreront dans les rangs ou pafferont derrière leurs troupes, favoir : le Capitaine de la première compagnie de chaque peloton; à la droite ou à la gauche du premier rang du peloton, felon qu'il fera formé par fa droite ou par fa gauche; le Capitaine de la deuxième compagnie du peloton, derrière le centre du peloton, en ferre-file; le Lieutenant de la première compagnie du peloton, à la droite ou à la gauche du troifième rang du peloton, felon que le peloton fera formé par la droite ou par la gauche; le premier Sergent de cette compagnie entre le Capitaine & le Lieutenant, & le deuxième derrière le flanc de fa compagnie, en ferre-file; le Lieutenant de la deuxième compagnie du peloton, à la gauche ou à la droite du premier rang, felon que le peloton fera formé par la droite ou par la gauche, & les deux Sergens derrière lui, aux troifième & deuxième rangs. Le Lieutenant des Grenadiers fera derrière le centre de la compagnie, en ferre-file; le Sous-lieutenant & le premier Sergent fermeront les droites du premier & du troifième rangs, & le fecond Sergent fera en ferre-file à la gauche du Lieutenant. Le Lieutenant du piquet fera placé derrière le centre du troifième rang; les deux Sergens fermeront les gauches du premier & du troifième rangs.

Les places des Officiers qui manqueront feront remplies, favoir : celle du Capitaine par le Lieutenant, celle du Lieutenant par le premier Sergent, & celle du premier Sergent par le deuxième Sergent, dont en ce cas la place reftera vuide; obfervant de ne point faire paffer d'une compagnie à l'autre les Officiers du même peloton, fi ce n'eft pour les places de Commandant & de ferre-file du peloton, qui feront toûjours remplies par les Officiers de l'une ou de l'autre compagnie du peloton les plus élevés en grade ou les plus anciens à grade égal.

Quand on fera doubler les files pour mettre les bataillons fur fix rangs, les Officiers & les premiers Sergens qui fermeront les rangs de chaque peloton, en fortiront pour fe mettre à la tête de leur peloton collés au premier rang, le Capitaine-commandant au centre du peloton, le Lieutenant & le premier Sergent de la compagnie de la droite à fa droite, le Lieutenant & le premier Sergent de la compagnie de la gauche à fa gauche, de manière que les deux Lieutenans foient aux aîles du peloton : les derniers Sergens des deux compagnies pafferont en ferre-file à la droite & à la gauche de l'Officier de ferre-file.

Lorfqu'il manquera quelqu'Officier, on fera paffer un Sergent de plus au front du peloton, de manière qu'il refte toûjours un Officier & un Sergent de ferre-file à chaque peloton.

Dans les occafions où on fera fortir du rang les feuls Officiers, les premiers Sergens des compagnies pafferont au premier rang pour remplir leur place, & les feconds Sergens fe tiendront au dernier rang.

LES files de la droite & de la gauche des pelotons feront remplies par des Caporaux & Anfpeffades des compagnies qui formeront chacune de ces files. *Arrangement des Soldats dans les rangs.*

Le refte des rangs de chaque compagnie fera formé, favoir : le premier rang, des plus anciens Soldats; le troifième de ceux qui fuivent les premiers en ancienneté, le furplus de la compagnie formera le fecond rang : on fuivra le même ordre dans la diftribution des rangs de la compagnie des Grenadiers. A l'égard du piquet, on

C iij

en rangera les Soldats fucceffivement dans le premier, le deuxième & le troifième rangs, felon la place que les compagnies qui les auront fournis occuperont dans l'ordre des pelotons, obfervant cependant que les droites & les gauches des rangs foient appuyées par des Caporaux & Anfpeffades.

Drapeaux. ON placera les drapeaux au centre du cinquième peloton dans le fecond rang : on commandera deux Sergens pour fe placer à la droite & à la gauche des Enfeignes dans le même rang, de manière qu'ils faffent tous quatre, nombre dans la formation des rangs de ce peloton. Lorfque le bataillon étant à trois de hauteur, on le rompra par fections, les Enfeignes & leurs Sergens fe placeront tous quatre dans le fecond rang de la dernière fection du peloton, faifant paffer autant d'hommes de cette fection dans l'autre qu'elles y auront laiffé de places vacantes.

Affemblée. QUAND toute l'Infanterie de la garnifon, du quartier ou du camp, devra prendre les armes, tous les Tambours battront *la générale ;* hors ce feul cas, les Tambours des troupes qui devront prendre les armes, commenceront par battre *le premier.*

On battra enfuite *l'affemblée* à l'heure qui fera ordonnée ; alors les Sergens affembleront leurs compagnies devant leur quartier ou dans les rues du camp, faifant l'appel des Soldats, & les rangeant en haie fuivant leur ancienneté, par la droite ou par la gauche felon que les compagnies devront faire la droite ou la gauche d'un peloton : enfuite ils défigneront ceux qui devront être de piquet, & après avoir fait fortir du rang les Caporaux & les Anfpeffades néceffaires pour garnir la file de la compagnie qui devra être fur le flanc du peloton, ils marqueront la féparation du refte en trois divifions égales, & commanderont :

1. *Prenez garde à vous, pour former la compagnie.*
2. *Marche.*
3. *Halte.*

Au premier commandement, les Soldats marqués pour le premier rang ne bougeront, & le refte de la compagnie fera à droite fi elle eft formée par la droite, ou à gauche fi elle eft formée par la gauche.

Au deuxième, le premier rang marchera deux pas en avant: les Soldats des deux dernières divifions marcheront devant eux, ceux de la troifième divifion fe jetant un peu de côté pour fe placer derrière le premier rang.

Au troifième, les Soldats des deux derniers rangs s'arrêteront & feront à gauche ou à droite, pour faire face, de même que le premier rang, s'alignant fur leur Chef-de-file.

Ces commandemens étant exécutés, on commandera:

1. *A droite (ou à gauche) faites un quart de converfion.*
2. *Marche.*

Au deuxième commandement, la compagnie ayant fait un quart de converfion, marchera en cet ordre pour fe rendre fur le champ de bataille, à la place qui lui eft deftinée.

On obfervera dans les camps, avant de commander

le quart de converfion, de faire faire à droite & à gauche aux deux compagnies du peloton, pour marcher par leur flanc jufques hors des faifceaux; alors les compagnies fe jetteront fur la droite & fur la gauche, afin de prendre le terrain dont elles auront befoin pour fe mettre en bataille par le quart de converfion; & dans les camps où le front du camp ne fuffiroit pas pour mettre les régimens en bataille, la compagnie des Grenadiers & les piquets fe mettroient en avant des pelotons de la droite & de la gauche de leur bataillon.

Les compagnies étant arrivées au lieu de l'affemblée générale du bataillon, les Soldats y refteront repofés fur le fufil, jufqu'à l'arrivée des drapeaux.

Lorfqu'on battra l'affemblée, les Officiers majors, le Capitaine de piquet, & tous les Officiers fubalternes & Enfeignes, fe rendront auffi-tôt au lieu où elle fe devra faire.

Les Officiers fubalternes feront l'infpection de leur compagnie au moment qu'elle arrivera au lieu de l'affemblée, & feront refponfables de la propreté des Soldats, & de ce qui pourroit manquer à leur équipement & armement.

Dans les garnifons ou quartiers, l'Officier major demandera les Soldats commandés pour le piquet, lefquels fe mettront auffi-tôt fur un rang derrière leurs compagnies: & quand l'Officier major leur fera le commandement de marcher, ils feront à gauche & fileront derrière le dernier rang pour fe rendre à la gauche du bataillon, où les Officiers de piquet les formeront en arrivant, en leur faifant faire à droite.

Les

Les Enseignes du bataillon, ou ceux de tous les bataillons d'un même régiment qui seront rassemblés, se mettront sur un rang à la tête du piquet, derrière le Capitaine. Les Tambours, à l'exception de deux qui resteront à chaque bataillon, se formeront sur plusieurs rangs derrière le piquet, ayant la caisse sur l'épaule, le Tambour-major à leur tête : l'Aide-major se tiendra devant le Capitaine de piquet. Le Capitaine se retournant vers son piquet, le chapeau sur la tête, lui fera les commandemens pour porter le fusil sur l'épaule & marcher.

Il marchera ensuite à la tête de son piquet jusqu'au lieu où seront les drapeaux, le seul Tambour du piquet battant aux champs; il le mettra en bataille vis-à-vis de la porte, & fera les commandemens nécessaires pour mettre la bayonnette au bout du fusil & présenter les armes. Il restera en cette situation à la tête de sa troupe, le Lieutenant à sa gauche, faisant l'un & l'autre observer le silence, tandis que les Enseignes entreront dans la maison pour prendre les drapeaux.

Lorsque ces Enseignes sortiront avec les drapeaux, ils s'aligneront en dehors de la porte, les drapeaux présentés, & s'arrêteront un moment vis-à-vis du piquet. Le Capitaine & le Lieutenant de piquet salueront du chapeau les drapeaux, les Sergens ôteront aussi le leur, & tous les Tambours battront *le drapeau;* ce qu'ils continueront de faire, jusqu'à ce qu'étant arrivés au bataillon, le Major leur ait donné l'ordre de cesser. Les Enseignes iront se placer entre le premier & le second rang du piquet, les Tambours devant le piquet, l'Aide-major un peu en avant du Capitaine, le Lieutenant repassera derrière

D

le piquet: alors le Capitaine de piquet commandera à sa troupe de porter les armes & de marcher, & il amènera les drapeaux en cet ordre, dans le lieu où le régiment ou le bataillon sera assemblé.

Dans les régimens de plusieurs bataillons, les piquets de chaque bataillon iront alternativement chercher les drapeaux du régiment.

Quand un bataillon aura deux piquets, la compagnie de Grenadiers étant détachée, le second piquet ira chercher les drapeaux.

Quand les compagnies seront séparées, celles qui auront les drapeaux dans leur quartier, les apporteront avec elles au rendez-vous général des compagnies.

Dans les camps, les Enseignes en passant du front de bandière aux faisceaux, avec les deux Sergens commandés pour leur garde, prendront les drapeaux pour les porter à l'endroit indiqué.

Le Colonel, le Lieutenant-colonel, les Commandans de bataillons & tous les Capitaines, seront rendus au lieu de l'assemblée du régiment, avant que l'on batte *le drapeau*. Les Capitaines verront s'il ne manquera rien à leur compagnie, & si l'inspection en aura été bien faite par les subalternes.

A l'approche des drapeaux, le Major fera les commandemens pour faire mettre la bayonnette au bout du fusil & présenter les armes: en même temps, tous les Officiers étant à leurs postes, reposés sur leur esponton, ôteront le chapeau de la main gauche; les Sergens ayant la hallebarde fur le bras gauche, l'ôteront de la main droite. Les Enfeignes fileront devant le front du régiment, pour aller fe placer fur une même ligne au centre du cinquième peloton de leur bataillon, un pas en avant du premier rang, entre les deux Sergens deftinés pour la garde des drapeaux.

Le piquet qui les aura amenés, retournera à fa place, paffant derrière les bataillons; & les Tambours refteront à la droite.

Dès que les Enfeignes & le piquet auront pris leur place, le Major fera ceffer de battre *le drapeau,* & fera les commandemens pour ôter la bayonnette & mettre le fufil fur l'épaule.

Auffi-tôt après on fera marquer par trois Sergens toutes les files du bataillon, par première & feconde, en commençant par la première de la droite du premier peloton dans les bataillons formés par la droite, & finiffant par la dernière file de la gauche. A l'égard des bataillons formés par la gauche, on commencera par la première file de la gauche, & on finira par la dernière de la droite.

On aura attention, en marquant les files du fecond rang, d'avoir égard aux places que les Enfeignes & leurs Sergens y devront occuper.

On fera obferver le même ordre dans la compagnie des Grenadiers & le piquet, par les Sergens de ces deux troupes, qui marqueront leurs files féparément de celles des pelotons.

D ij

Marche. ENSUITE le Major ayant fait ferrer les rangs, fera rompre le régiment ou le bataillon par la droite ou par la gauche, felon le côté où il devra marcher, les Officiers marchant à la tête de leurs troupes.

Avant que le bataillon fe rompe, les Enfeignes pafferont au fecond rang du cinquième peloton, avec les deux Sergens, qui ne les quitteront point.

Lorfque le régiment ou le bataillon marchera, les Tambours (à l'exception de ceux des compagnies de Grenadiers & des piquets qui refteront chacun à leur troupe) fe partageront en deux bandes, qui fe placeront dans la première divifion de la droite & la dernière divifion de la gauche du régiment ou du bataillon, entre le premier & le fecond rang, le Tambour-major étant à la tête de ceux de la droite.

Le régiment ou le bataillon étant arrivé fur le lieu où il devra fe mettre en bataille pour faire l'exercice, ou pour quelque autre caufe que ce foit, le Major fera appeler pour faire ferrer les rangs, enfuite il fera battre aux champs, & fera marcher jufqu'à ce que les divifions foient à la diftance néceffaire pour fe mettre en bataille.

Si on arrive fur le terrein par la gauche, lorfqu'on battra *le drapeau* toutes les divifions feront enfemble un quart de converfion à gauche pour former le bataillon, & ouvriront enfuite leurs rangs en avant, comme il fera expliqué ci-après.

Si le régiment arrive fur le terrein par la droite, lorfque la compagnie de Grenadiers ou le piquet de la droite y fera arrivé, il fera un quart de converfion à droite, & les rangs prendront leurs diftances : la première divifion continuera à marcher jufqu'à la gauche des Grenadiers ou du piquet de la droite, fera enfuite un quart de converfion, & prendra fes diftances d'un rang à l'autre, & il en fera de même fucceffivement des autres divifions.

Le Tambour des Grenadiers ou du piquet de la droite, battra feul *le drapeau* quand les Grenadiers ou les Soldats dudit piquet feront le quart de converfion : ceux de la droite le battront dans le moment que la première divifion fera le même mouvement; & ceux de la gauche continueront de battre aux champs jufqu'à ce que le piquet ou la compagnie de Grenadiers de la gauche qui marchera derrière eux, fe mette en bataille : alors ils battront *le drapeau*, ainfi que le Tambour dudit piquet ou de ladite compagnie de Grenadiers, & tous enfemble continueront de battre jufqu'à ce que le Major leur faffe le fignal de finir.

Quand le régiment ou le bataillon fera en bataille, tous les Tambours de la droite fe placeront fur deux rangs, à la droite du premier rang; & ceux de la gauche de même à la gauche du premier rang.

Les bataillons d'un même régiment ne garderont point d'intervalle entre eux en fe mettant en bataille, fi ce n'eft lorfqu'ils s'apprêteront à faire l'exercice ; auquel cas ils obferveront la diftance néceffaire pour fe rejoindre, en ouvrant les files.

Toutes les fois qu'un régiment ou un bataillon finira

les évolutions, on lui fera dédoubler ses files pour le mettre à trois de hauteur avant de le renvoyer.

Quand le Commandant aura donné l'ordre de le renvoyer, le Major le fera rompre par un quart de converfion, & retourner dans le même ordre qu'il fera venu, fans qu'aucun Officier puiffe quitter fa troupe avant que les appels foient faits & que les Soldats foient renvoyés.

Les drapeaux feront reconduits de même qu'ils auront été amenés.

DU MANIEMENT DES ARMES.

LE régiment ou le bataillon étant en bataille fur le terrein où il devra faire l'exercice, le Major, après avoir fait ceffer les Tambours de battre, commencera par faire les commandemens pour ouvrir les files: alors les Sergens feront un pas en arrière, pour laiffer aux Soldats du même rang la liberté de prendre leurs diftances de l'un à l'autre, & de s'aligner d'eux-mêmes, fe réglant fur la droite & fe plaçant fur leur Chef-de-file: les Capitaines s'aligneront auffi fur le Capitaine de Grenadiers, & les Lieutenans fur le Lieutenant en fecond de cette compagnie.

Cela fait, le Major dira :

Meffieurs les Officiers, on va faire l'infpection des armes.

A cet avertiffement, tous les Officiers fe tiendront fur

la droite ou fur la gauche de leurs troupes, felon qu'elles feront formées par la droite ou par la gauche, ayant l'efponton fur le bras gauche ; & ils examineront avec attention fi les Soldats exécuteront avec précifion les commandemens qui leur feront faits.

Le Colonel, le Lieutenant-colonel & les Commandans de bataillon, faifant face à leur bataillon, obferveront fi tout le monde fera attentif à fuivre ce qui fera ordonné.

Perfonne ne parlera que le Major, pas même pour reprendre le Soldat qui feroit en faute.

COMMANDEMENS POUR L'INSPECTION.

I.

Paffez le fufil du côté de l'épée.

En trois temps : au premier, le Soldat qui portera le fufil fur l'épaule, faifira la croffe du fufil avec la main droite au deffous de la platine, fans remuer le fufil.

Au deuxième, en avançant le pied droit en équerre à la boucle du pied gauche, & effaçant le corps un peu fur la gauche, on détachera le fufil de l'épaule pour le tenir à plomb, le canon en dehors, entre la tête & l'épaule gauche; & la main gauche le faifira à la hauteur du front, le bras droit étant étendu dans toute fa longueur.

Au troifième, la main gauche laiffera tomber la croffe à terre, quatre pouces fur la gauche du talon gauche, & la main droite faifira le canon à deux pouces de fon extrémité, vis-à-vis le menton, le canon toûjours en dehors.

2.

Mettez la bayonnette au bout du canon.

En trois temps : au premier, tenant le fufil avec la main gauche, on portera la main droite à la bayonnette entre le corps & le fufil, & on la dégagera du fourreau pour la faifir au deffus de la douille.

Au deuxième, on la portera à un pouce du bout du fufil, à la droite & dans la même direction que le canon, la douille parallèle & à la même hauteur que le canon.

Au troifième, on l'emboîtera dans le canon, & tout de fuite on rejoindra la main droite au bout du fufil.

3.

Mettez la baguette dans le canon.

En deux temps : au premier, on la faifira avec le pouce & les deux premiers doigts de la main, & on la tirera tout de fuite par deux mouvemens de bras très-prompts, la faifant retourner devant foi le bras droit tendu, pour la porter brufquement fur le ceinturon, gliffant auffi-tôt la main droite à quatre doigts du gros bout & tenant la baguette parallèle au canon.

Au deuxième, on la portera de biais au bout du canon, dans lequel on la laiffera tomber, & on reportera auffi-tôt la main droite au bout du fufil.

4.

Tirez vos épées.

En deux temps : au premier, quittant le fufil de la main droite on la portera à l'épée, pour la dégager un peu du fourreau, & en même temps ramenant le pied droit à côté
du

du gauche, on relèvera de la main gauche le bout du fufil fans la changer de place, pour le tenir perpendiculaire fur le côté gauche, la croffe toûjours pofée à terre à la même place.

Au deuxième, on portera l'épée devant foi la pointe en haut, la main un demi-pied plus baffe que le menton.

Ces commandemens ayant été exécutés, les Commandans des pelotons, le Capitaine des Grenadiers & celui du piquet, pafferont le long des rangs de leurs troupes pour vifiter les armes, ayant attention s'il n'y en a point de chargées; & lorfque cette vifite étant finie ces Officiers feront retournés à leur place, le Major commandera :

5.

Remettez vos épées.

En trois temps : au premier, laiffant tomber le fufil fur le bras gauche, on faifira le fourreau de la même main, & on préfentera vis-à-vis la pointe de l'épée.

Au deuxième, on fera entrer l'épée dans le fourreau, tenant toûjours la poignée de la main droite.

Au troifième, la main gauche reprendra le fufil comme elle le tenoit auparavant, & la main droite tombera pendante fur le côté droit.

6.

Ouvrez le porte-cartouche.

En un temps : le Soldat portera vivement la main droite au porte-cartouche, & en relèvera la patte.

Alors les Officiers qui auront fait la première vifite, repafferont derrière chaque rang pour vifiter le porte-

E

cartouche & l'habillement, & à leur retour le Major continuera :

7.

Joignez la main droite au fusil.

En un temps : on ramènera le bout du fusil devant soi de la main gauche, & on y rejoindra la main droite en avançant le pied droit.

8.

Remettez la baguette en son lieu.

En deux temps : au premier on la retirera par deux mouvemens de bras très-vifs, pour la reporter par le petit bout sur le ceinturon, glissant la main à environ six pouces de l'extrémité.

Au deuxième, on la fera entrer dans le tenon, jusqu'à ce que la main touche le bout du canon; & déployant ensuite le bras, on la poussera avec force pour la faire entrer d'un seul mouvement qui ramènera la main droite au bout du fusil, qu'elle empoignera tout de suite.

9.

Remettez la bayonnette en son lieu.

En trois temps : au premier, on déboîtera d'un seul mouvement la bayonnette du canon, & on la tiendra empoignée comme au deuxième temps du second commandement.

Au deuxième, on la remettra dans le fourreau.

Au troisième, on reportera la main droite au bout du canon.

10.

Portez le fusil sur l'épaule.

En trois temps : au premier, quittant le fusil de la main droite on l'élevera devant soi de la main gauche, la portant à la hauteur du front entre la tête & l'épaule gauche, & on le saisira de la main droite au dessous de la platine.

Au deuxième, quittant le fusil de la main gauche, on le portera de la main droite sur l'épaule gauche, & on posera la main gauche sur la crosse, retirant en même temps le pied droit à côté du gauche.

Au troisième, on serrera le coude gauche contre le corps, & on laissera tomber la main droite pendante.

L'exercice de l'inspection étant fini, le Major fera faire un roulement, auquel tous les Officiers reprendront leur place ordinaire.

Il dira ensuite :

*Prenez garde à vous, bataillon (*ou *bataillons) on va faire l'exercice.*

Il fera donner en même temps un coup de baguette : alors tous les Officiers ôteront leur chapeau de la main droite, ainsi que les Sergens, & aussi-tôt les Officiers du front du bataillon, le Lieutenant des Grenadiers, le Lieutenant de piquet, les Enseignes, les Sergens de garde aux drapeaux & les Sergens qui seront à la queue du bataillon, feront demi-tour à droite.

Ensuite le Major fera appeler, & tous les Officiers & Sergens partiront du pied gauche ; savoir, les Sergens du front pour s'avancer cinquante pas en avant du bataillon, faisant marcher devant eux tout ce qui pourroit en embarrasser le front; les Officiers, pour passer entre les files & aller se placer sur une même ligne derrière le bataillon ; les Capitaines, à huit pas du dernier rang ; les Lieutenans & les Enseignes, à quatre pas; les Sergens de garde aux drapeaux, à côté des Enseignes, & les Sergens de la queue, douze pas en arrière du dernier rang du bataillon.

Les Sergens des Grenadiers & du piquet qui fermeront la droite & la gauche du régiment ou du bataillon, feront à droite & à gauche quand les Officiers feront demi-tour à droite, & ils marcheront de même quand on appellera, pour se placer à douze pas des flancs du régiment ou du bataillon.

Le Colonel, le Lieutenant-colonel & les Commandans de bataillon, iront se placer en avant du centre à la hauteur du Major : les Aide-majors se tiendront sur les flancs du régiment ou du bataillon.

Alors tous les Tambours viendront en appelant le long du front du régiment ou du bataillon, jusqu'à la distance nécessaire, pour que, faisant un quart de conversion à droite & à gauche & marchant en avant, ils puissent se réunir sur une même ligne derrière le Major par deux quarts de conversion, après quoi il les fera cesser de battre.

Les Officiers & Sergens qui auront marché pour prendre leurs postes, comme il a été dit ci-dessus, resteront arrêtés le chapeau à la main, jusqu'à ce que le Major ait fait cesser de battre : dans ce moment ils feront un demi-tour à droite pour faire face au régiment, remettront leur chapeau, & se reposeront sur leurs esponton & hallebarde, sans quitter leur place, jusqu'à la fin de l'exercice, & dans un grand silence.

Le Major fera ensuite les commandemens ci-après.

COMMANDEMENS POUR LE MANIEMENT DES ARMES.

I.

Préparez-vous à faire l'exercice.

CE commandement étant fait pour avertir le Soldat qu'il va faire l'exercice, il aura attention à se poster les deux talons sur une même ligne, séparés l'un de l'autre d'environ deux pouces, les épaules effacées, la poitrine en avant, le ventre retiré sans reculer les reins, le fusil sur l'épaule gauche, la soûgarde appuyée sur le teton, la main gauche à quatre doigts du bout de la crosse, le coude serré contre le corps sans être gêné, & la main droite pendante sur le côté, la tête haute & tournée sur la droite pour partir en même temps que le soldat de sa droite; excepté celui de la première file de la droite du bataillon ou du régiment, qui devra regarder attentivement le Major pour partir immédiatement après le dernier mot du commandement, lorsque le maniement des armes s'exécutera à la voix, & aussi-tôt après le coup de baguette quand il sera exécuté au son de la caisse.

Ils observeront tous de mettre une seconde entre l'exécution de chaque temps des commandemens qui en ont plusieurs.

Celui qui commandera l'exercice mettra deux secondes de repos entre la fin de l'exécution d'un commandement

& le commencement du suivant, & ce même intervalle sera observé par les Soldats quand ils feront l'exercice à la muette.

Pour mettre toute la précision possible dans ces différens repos, on accoûtumera les Soldats à compter *un, deux*, dans le temps d'une seconde, & à répéter cette formule autant de fois qu'ils auront de secondes à attendre pour exécuter les mouvemens, sans faire avancer de Soldat hors du rang pour leur servir de modèle.

Quant à l'exécution des mouvemens, on aura attention que les Soldats y emploient la plus grande vivacité, qu'ils arrivent à l'objet proposé par la voie la plus courte, passant toûjours leurs armes tout près du corps, sans souffrir aucuns mouvemens alongés, & qu'à la fin de chaque temps il y ait une cessation totale de mouvement.

2.
Passez le fusil du côté de l'épée.

EN trois temps, comme au premier commandement pour l'inspection.

Le Soldat observera dans cette situation, ainsi que dans tous les autres temps de l'exercice où il sera tourné à gauche, d'avoir les yeux sur le Soldat de sa gauche, celui de la file de la gauche du bataillon ou du régiment devant alors être attentif au commandement du Major.

3.
Mettez la bayonnette au bout du canon.

EN trois temps, comme au deuxième commandement pour l'inspection.

4.

Portez vos armes.

EN trois temps : le premier comme au dixième commandement pour l'infpection.

Au deuxième, la main gauche quittant le fufil, on le portera de la main droite vis-à-vis de l'épaule gauche, le tenant perpendiculaire : on placera auffi-tôt la main gauche à la croffe, les trois derniers doigts fous le talon, le premier doigt fur la vis & le pouce au deffus, & on retirera le pied droit à côté du gauche.

Au troifième, on appuyera la croffe de la main gauche au deffus de la hanche, & le canon contre le creux de l'épaule gauche, tenant le coude gauche en arrière fans être gêné, & on laiffera tomber la main droite pendante.

5.

A droite.

6.

A gauche.

CES deux commandemens s'exécuteront chacun en un temps, en tournant fur le talon gauche & portant le droit fur la même ligne ; avec cette attention de garder toûjours le même intervalle de deux pouces entre les deux talons, de ne point laiffer chanceler le corps ni les armes, de ne tourner ni trop ni trop peu, & d'exécuter les mouvemens brufquement fans fauter.

7.

Demi-tour à droite.

8.

Demi-tour à droite.

CES deux commandemens s'exécuteront chacun en trois

temps. Au premier, on portera le pied droit derrière le gauche, les deux talons à quatre pouces de diſtance l'un de l'autre.

Au deuxième, on tournera ſur les deux talons par la droite, juſqu'à ce que l'on faſſe face du côté oppoſé.

Au troiſième, on reportera le pied droit à côté du gauche.

9.

Préſentez vos armes.

EN deux temps : au premier, on portera la main droite ſous la platine, ſans mouvoir le fuſil.

Au deuxième, en tournant le poignet droit on portera le fuſil devant ſoi entre les deux yeux, le canon en dedans, mettant le pouce ſur le chien, & embraſſant la poignée ſous la ſoûgarde avec les quatre autres doigts : on ſaiſira en même temps le fuſil de la main gauche, la tenant à la hauteur du menton, le pouce alongé le long du bois au deſſus de l'extrémité ſupérieure de la platine, le bas de la croſſe appuyé contre le ventre.

10.

Apprêtez vos armes.

EN un temps : on armera le fuſil avec le pouce par un mouvement bruſque du coude droit.

11.

En joue.

EN un temps : on appuyera la croſſe à l'épaule droite, lâchant le pied droit à quatre pouces en arrière & ſur la même ligne que le gauche, le genou gauche un peu plié, le jarret droit tendu, la pointe du pied gauche vis-à-vis le bout du fuſil, les talons ſur la même ligne, le coude droit ſerré ; on remettra en même temps le pouce ſur la poignée, & on fera entrer les deux premiers doigts dans la ſoûgarde.

12.

12.

Feu.

EN deux temps : au premier, on appuyera avec force les deux premiers doigts sur la détente, sans baisser la tête, ni faire aucun autre mouvement.

Au deuxième, on retirera les armes vivement, la crosse sous le bras droit, le bout du canon plus élevé d'un pied & demi que le bassinet, la platine vis-à-vis la poitrine, la soûgarde en avant & au dessous du téton droit, le coude gauche collé au corps, les deux premiers doigts & le pouce de la main droite sur le chien, prêt à le mettre en son repos. A l'égard des pieds, on rapprochera le droit à deux pouces & en équerre derrière le gauche.

13.

Mettez le chien en son repos.

EN un temps : on relevera le chien du fusil avec les deux premiers doigts, jusqu'à ce qu'il s'arrête dans le cran du repos, & tout de suite on remettra la main droite appuyée contre la poignée du fusil.

14.

Prenez la cartouche.

EN un temps : on portera brusquement la main au porte-cartouche pour en tirer la cartouche.

15.

Déchirez-la avec les dents.

EN deux temps : au premier on portera la cartouche à la bouche pour la déchirer.

Au deuxième, on la portera brusquement près du bassinet.

16.

Amorcez.

EN un temps : tenant la cartouche des deux premiers doigts, le pouce fur l'ouverture, on remplira le baffinet de poudre ; & à la fin du temps on portera la main droite derrière la batterie.

17.

Fermez le baffinet.

EN un temps : on fermera le baffinet avec les deux derniers doigts, tenant toûjours la cartouche des deux premiers doigts, & on repofera la main droite derrière la platine, faififfant la poignée entre les deux derniers doigts & la paume de la main.

18.

Paffez vos armes du côté de l'épée.

EN deux temps : au premier, on fera un à gauche & demi en portant le pied droit en avant du gauche, & on portera en même temps le fufil perpendiculaire devant foi, du côté gauche, le canon en dehors, faifant gliffer la main gauche au milieu du canon.

Au deuxième, la main gauche laiffant tomber le fufil la croffe à terre fur le côté gauche, le canon en dehors comme au dernier temps du premier commandement pour l'infpection, on le faifira des deux derniers doigts de la main droite, à deux pouces du bout du canon.

19.

Mettez la cartouche dans le canon.

EN un temps : on mettra la cartouche dans le canon,

& on faifira en même temps la baguette avec le pouce & les deux premiers doigts, les doigts entre la baguette & le fufil, & le pouce en dehors, montant vers le gros bout de la baguette.

20.

Tirez la baguette.

EN un temps : on tirera la baguette comme il eft dit au premier temps du troifième commandement pour l'infpection.

Quand un Soldat fera tomber par mal-adreffe fa baguette, fon chapeau ou fa bayonnette, en quelque temps de l'exercice que ce foit, il ne la ramaffera point, & il attendra que l'Officier qui commandera l'exercice, donne ordre à un Sergent de le faire.

21.

Bourrez.

EN un temps : on portera la baguette brufquement de biais au bout du canon, dans lequel on la laiffera tomber vivement, & on la retirera en même temps pour la reporter par le petit bout fur le ceinturon, comme au premier temps du huitième commandement pour l'infpection.

22.

Remettez la baguette en fon lieu.

EN un temps, comme au deuxième du huitième commandement pour l'infpection.

23.

Portez vos armes.

EN trois temps, comme au quatrième commandement.

F ij

24.

Préfentez vos armes.

En deux temps, comme au neuvième commandement.

25.

Paffez vos armes du côté de l'épée.

En deux temps : au premier, on retournera le fufil de la main droite, & on fe placera dans la même pofition prefcrite au deuxième temps du premier commandement pour l'infpection.

Au deuxième, comme au troifième du même commandement.

26.

Préfentez vos armes.

En deux temps : au premier, comme au premier temps du dixième commandement pour l'infpection.

Au deuxième, on retournera le fufil de la main droite pour le placer comme au deuxième temps des neuvième & vingt-quatrième commandemens, retirant en même temps le pied droit à côté du gauche.

27.

Portez vos armes.

En deux temps : au premier, retournant le fufil de la main droite, le canon en dehors, on le placera dans la même pofition indiquée au deuxième temps du quatrième commandement.

Au troifième, comme au troifième temps du quatrième commandement.

28.

Paſſez les armes du côté de l'épée.

En trois temps: au premier, on ſaiſira la croſſe du fuſil avec la main droite, au deſſous de la platine ſans remuer le fuſil; les deux autres temps comme au premier commandement pour l'inſpection, & au deuxième pour le maniement des armes.

29.

Remettez la bayonnette en ſon lieu.

En trois temps, comme au neuvième commandement pour l'inſpection.

30.

Portez le fuſil ſur l'épaule.

En trois temps, comme au dixième commandement pour l'inſpection.

31.

Repoſez-vous ſur le fuſil.

En quatre temps: les deux premiers comme aux neuvième & vingt-quatrième commandemens.

Au troiſième, portant le fuſil de la main gauche au côté droit, on l'empoignera de la main droite à la hauteur du chapeau, le tenant à plomb, la ſoûgarde en dehors.

Au quatrième, on laiſſera tomber le fuſil à terre, à la droite de la pointe du pied droit, la ſoûgarde en avant, obſervant de lever le pied en même temps que le fuſil arrivera à terre, & de le replacer auſſi-tôt, & la main gauche tombera pendante ſur le côté.

32.
Posez le fusil à terre.

EN quatre temps : au premier, en même temps qu'on tournera le fusil le canon vers le corps, on tournera sur les deux talons à droite, de façon que le pied droit se trouve derrière la crosse du fusil, & on mettra la main gauche derrière le dos pour saisir la bretelle de la giberne.

Au deuxième, laissant couler la main jusqu'à la moitié du canon, on fera un pas de deux pieds en avant du pied gauche, & en courbant le corps brusquement l'on couchera le fusil par terre la platine en dessus.

Au troisième, on se relevera en retirant le pied gauche & tenant le bras droit pendant.

Au quatrième, on tournera sur les deux talons pour faire face en tête, & la main gauche quittant la bretelle de la giberne, tombera pendante sur le côté.

33.
Reprenez le fusil.

EN quatre temps : au premier, on tournera sur les deux talons à droite, & la main gauche saisira en même temps la bretelle de la giberne derrière le dos.

Au deuxième, on fera un pas en avant du pied gauche, se courbant pour reprendre le fusil avec la main droite à la même hauteur qu'on le tenoit auparavant.

Au troisième, on se relevera tenant le fusil à côté de soi, le canon vers le corps.

Au quatrième, la main droite glissant à deux doigts du bout du canon, retournera le fusil la soûgarde en dehors ; la main gauche tombera pendante, & on tournera sur les deux talons à gauche.

34.

Portez le fusil sur l'épaule.

En quatre temps : au premier, on élevera le fusil de la main droite en le rapprochant du corps, & la main gauche le saisira au dessus de la platine.

Au deuxième, on le ramènera devant soi de la main gauche, la main droite le saisissant sous la platine dans l'attitude prescrite pour présenter les armes au deuxième temps du neuvième commandement.

Au troisième, quittant le fusil de la main gauche, on le retournera de la main droite le canon en dehors, le portant en même temps sur l'épaule gauche, & la main gauche se placera sur la crosse à quatre doigts du bout.

Au quatrième, comme au troisième temps du dixième commandement pour l'inspection.

35.

Passez la platine sous le bras gauche.

En quatre temps : le premier comme au premier commandement pour l'inspection.

Au deuxième, on portera le fusil de la main droite vis-à-vis l'épaule gauche le canon en dehors, & on l'empoignera de la main gauche à un demi-pied de la partie supérieure de la platine à la hauteur du menton, ayant le pouce alongé sur la baguette pour la contenir.

Au troisième, on passera la platine sous le bras gauche, la main droite accompagnant le fusil jusque sous le bras.

Au quatrième, on laissera tomber la main droite pendante.

36.

Portez le fusil sur l'épaule.

EN trois temps : au premier, on reportera le fusil devant soi de la main gauche, en le relevant & le saisissant en même temps de la main droite au dessous de la platine, le pouce le long du revers de ladite platine, le canon en dehors, la main gauche à la hauteur de la bouche.

Au deuxième, portant le fusil de la main droite sur l'épaule, on passera la main gauche à quatre doigts du bout de la crosse.

Au troisième, on laissera tomber la main droite pendante.

37.

Renversez le fusil.

EN cinq temps : au premier, comme au premier commandement pour l'inspection.

Au deuxième, on portera le fusil devant soi de la main droite, la platine en dehors, renversant la main gauche, qui saisira le canon un demi-pied au dessus de la partie supérieure de la platine, à la hauteur de la bouche.

Au troisième, en renversant le fusil de la main gauche, de manière que la crosse passe entre le bras droit & le corps ; on le tiendra le canon en dehors & la crosse haute entre les deux yeux, & on l'empoignera tout de suite de la main droite entre le chien & la crosse.

Au quatrième, on passera le fusil renversé sous le bras gauche, glissant la main gauche le long du canon, de façon que la crosse soit appuyée à l'épaule.

Au cinquième, on détachera la main droite du fusil, la laissant tomber pendante.

38.

Portez le fufil fur l'épaule.

EN quatre temps : au premier, on reportera le fufil devant foi de la main gauche, & l'on joindra tout de fuite la main droite à la même place qu'au troifième temps du commandement précédent.

Au deuxième, on retournera le fufil fans quitter la main gauche, le canon en dehors, joignant la main droite au deffous du chien.

Le troifième & le quatrième, comme le fecond & le troifième du trente-fixième commandement.

39.

Portez la croffe haute.

EN cinq temps : les deux premiers comme au trente-feptième commandement.

Au troifième, on renverfera le fufil la platine en dehors & la croffe haute, & on placera la main droite à l'anneau de la grenadière.

Au quatrième, on portera le fufil de la main droite fur l'épaule, repaffant la main gauche à un pied du bout du canon, les coudes égaux.

Au cinquième, on rabattra le coude gauche, & en même temps la main droite pendante.

40.

Portez le fufil fur l'épaule.

EN cinq temps : au premier, on joindra la main droite au milieu du canon, les coudes hauts.

Au deuxième, on portera le fufil devant foi la croffe

haute, & on portera en même temps la main gauche renverſée à un doigt du bout de la platine.

Au troiſième, on fera faire le moulinet au fuſil par la gauche, & la main droite ſe placera promptement au deſſous de la platine.

Au quatrième, la main droite portera le fuſil ſur l'épaule, & la gauche ſe placera ſur la croſſe, comme au deuxième temps du trente-ſixième commandement.

Au cinquième, comme au troiſième temps du même commandement.

Quand l'exercice à rangs & à files ouverts ſera fini, le Major fera faire un roulement, & avertira le bataillon ou le régiment qu'on va faire l'exercice à rangs & à files ſerrés; enſuite on commandera:

41.

Portez le fuſil.

EN trois temps; le premier comme au premier commandement pour l'inſpection.

Au deuxième, on paſſera les trois derniers doigts de la main gauche ſous la croſſe, tenant le premier doigt ſur la vis & le pouce au deſſus.

Au troiſième, on laiſſera tomber la main droite pendante ſur le côté droit.

Le Major fera enſuite les commandemens ci-après preſcrits, pour faire ſerrer les files de droite & de gauche, par bataillon ou par régiment, & pour faire ſerrer les rangs en avant.

LES Officiers & Sergens obſerveront, quand les files ſe ſerreront, de faire le même mouvement qu'elles, pour se trouver toûjours vis-à-vis & à la même portée de leur troupe.

Ils auront la même attention quand on fera r'ouvrir les files.

Les files & les rangs étant serrés, le Major commandera :

42.

Mettez la bayonnette au bout du canon.

EN six temps, comme aux second & troisième commandemens.

43.

Portez vos armes.

EN trois temps, comme au quatrième commandement.

44.

A droite.

45.

A gauche.

CHACUN en un temps, comme aux cinquième & sixième commandemens.

46.

Demi-tour à droite.

47.

Demi-tour à droite.

CHACUN en trois temps, comme aux septième & huitième commandemens.

48.
Préfentez vos armes.

EN deux temps, comme au neuvième commandement.

49.
Genou en terre.

CE commandement s'exécutera en un temps, pendant lequel les Soldats des trois rangs armeront leur fufil : ceux du premier rang mettront en même temps le genou droit en terre, dix à douze pouces en arrière du pied gauche & environ quatre pouces fur la droite, & ils poferont la croffe de leur fufil à terre contre le genou droit, le corps droit & en arrière. Les Soldats des deux derniers rangs pafferont le pied droit à quatre pouces en équerre derrière le gauche, tournant fur le talon gauche & effaçant le corps à droite.

50.
En joue.

EN un temps : les Soldats des trois rangs appuieront la croffe à l'épaule droite, ayant le coude droit ferré ; celui du premier rang tiendra le corps droit, un peu en arrière : le Soldat du fecond rang mettra en joue fur la tête du Soldat du premier rang, & celui du troifième rang paffera fon fufil à la droite de fa file, ayant attention de ne pas croifer le fufil du fecond rang de fa droite.

51.
Feu.

EN deux temps, comme au douzième commandement; avec cette différence, qu'au fecond temps les Soldats du premier rang fe releveront.

52.

Chargez vos armes.

EN quinze temps, comme depuis & compris le treizième commandement jufques & compris le vingt-troisième, à la fin duquel les Soldats fe trouveront portant leurs armes.

53.

Préfentez vos armes.

EN deux temps, comme aux neuvième & vingt-quatrième commandemens.

54.

Paffez vos armes du côté de l'épée.

EN deux temps, comme au vingt-cinquième commandement.

55.

Préfentez vos armes.

EN deux temps, comme au vingt-fixième commandement.

56.

Portez vos armes.

En deux temps, comme au vingt-feptième commandement.

57.

Remettez la bayonnette en fon lieu.

En fix temps, comme aux vingt-huitième & vingt-neuvième commandemens.

58.

Portez le fusil.

EN trois temps, comme au quatrième commandement.

59.

Reposez-vous sur le fusil.

EN quatre temps, comme au trente-unième commandement.

60.

Portez le fusil.

EN quatre temps : les deux premiers comme au trente-quatrième commandement.

Les deux derniers comme au vingt-septième commandement.

Le maniement des armes étant fini, si on veut le recommencer, le Major fera les commandemens nécessaires pour ouvrir les rangs en arrière, pour desserrer les files par bataillon & pour porter le fusil sur l'épaule ; ce qui s'exécutera en trois temps, en changeant la main gauche de place, comme au quarante-unième commandement.

Si on veut exercer le bataillon ou le régiment à d'autres manœuvres, ou si on veut le ramener au camp ou au quartier, le Major fera faire un roulement, & avertira que c'est pour rappeler les Officiers & les Sergens à leur place.

Il fera ensuite le commandement suivant :

Par pelotons, serrez vos files sur le centre.

Les Soldats, pour l'exécuter, se serreront de droite & de gauche sur le centre de leurs pelotons, en se jettant brusquement de côté; & lorsque les Tambours appelleront, les Officiers & Sergens viendront marchant à même hauteur & tenant le chapeau bas jusqu'à ce qu'on ait fini d'appeler, pour prendre les places qu'ils devront occuper, passant par les intervalles entre les pelotons, & observant que les Capitaines arrivent les premiers, les Lieutenans ensuite, & les Sergens les derniers.

Les Tambours marcheront devant eux, jusqu'à ce que étant arrivés à portée du régiment ou du bataillon, ils se partageront par un quart de conversion à droite & à gauche, & longeront le front du régiment ou du bataillon pour retourner sur les flancs, appelant toûjours jusqu'à ce qu'ils aient repris leur place & que le Major leur ait fait le signal de cesser.

Alors les Officiers & les Sergens se couvriront & feront tous face en tête.

DE LA MARCHE.

On distinguera quatre sortes de marches, celle que le Soldat fait devant lui en ligne droite, & celles qui se font de côté en ligne oblique, sur le même alignement, & en ligne circulaire.

La marche devant soi en ligne droite se fera par trois *Pas en avant.* sortes de pas; le petit pas, le pas ordinaire & le pas redoublé.

La longueur du petit pas sera d'un pied, & celle des

deux autres, de deux pieds; le tout mefuré d'un talon à l'autre. Quant à la durée, celle des deux premiers pas fera d'une feconde, pendant laquelle on fera deux pas redoublés.

On partira toûjours du pied gauche pour exécuter ces trois fortes de pas, excepté ce qui fera expliqué ci-après dans les cas où l'on fait ouvrir & ferrer les files.

En toute occafion où le contraire ne fera pas ordonné, le Soldat marchera le pas ordinaire de deux pieds, portant le fufil.

Hors les cas de la parade & des évolutions, on lui fera porter l'arme au bras en marchant, le chien appuyé fur l'avant-bras gauche, les deux mains croifées dans l'habit, la main droite fous la gauche.

Lorfque l'on battra la charge, il marchera le pas redoublé, les armes préfentées.

On exercera les bataillons, étant à fix de hauteur, à marcher habituellement le pas redoublé, même jufqu'à quatre ou cinq cens pas de fuite, dans toute forte de terreins.

Pas oblique. LE pas oblique fe fera dans le même efpace d'une feconde, en partant du pied droit pour aller de gauche à droite, & du pied gauche pour aller de droite à gauche: il ne fera que de huit pouces d'un talon à l'autre, & on le réglera fuivant l'obliquité de la ligne par laquelle on devra marcher.

Pas de côté fur le même alignement. LE pas de côté fur le même alignement ne fe pratiquera que quand on aura un petit efpace de terrein à parcourir; il fe fera de même que le pas oblique pour fa durée

durée & sa longueur, en observant que lorsqu'on devra aller de droite à gauche, l'on commencera par tourner le pied gauche de manière que le talon & la pointe de ce pied soient sur l'alignement du front de la troupe qui devra marcher ce pas ; alors on portera le pied droit en équerre vis-à-vis la pointe du pied gauche, lequel s'avancera ensuite de huit pouces, sans quitter l'alignement : on aura la même attention en marchant de gauche à droite, le pied droit faisant alors l'office du gauche, & le pied gauche celui du droit.

ON ne sauroit déterminer l'étendue du pas que chaque Soldat doit faire en marchant en ligne circulaire pour faire un quart de conversion, parce qu'il doit être plus raccourci ou plus alongé selon que celui qui le fait se trouve plus près ou plus éloigné du Soldat qui soûtient, lequel ne doit que pivoter sur le talon du côté où l'on tourne. La seule règle que l'on puisse prescrire, c'est que l'Officier qui est sur le flanc extérieur de la division qui tourne, partant du pied gauche, marche le pas ordinaire ou le pas redoublé, ainsi qu'il sera ordonné ; & que tous les Soldats de la division aient toûjours les yeux sur lui pour régler leur marche sur la sienne, de manière qu'ils lèvent chaque pied en même temps, & autant de fois que lui, & qu'ils ne gagnent à chaque pas ni plus ni moins de terrein qu'il est nécessaire pour se tenir à même hauteur, & achever ensemble le quart de conversion : ils observeront aussi de ne point quitter le Soldat du côté qui soûtient. *Pas de la conversion.*

LES rangs & les files étant serrés, le Soldat occupera environ dix-huit pouces de tout sens ; il y aura, pour cet *Distances.*

effet, un pied de diſtance entre la pointe du pied d'un Soldat & le talon de celui de la même file qui le précède. Quant aux Soldats d'un même rang, ils n'auront d'autre règle à obſerver que de ſe ſerrer juſqu'à ce que leurs bras ſe touchent, ſans cependant qu'ils ſoient trop gênés.

Lorſque l'on marchera en colonne à rangs & files ferrés, on conſervera, d'une diviſion à l'autre, un eſpace égal à l'étendue du front de chacune de ces diviſions; obſervant de compter cette diſtance du premier rang de la diviſion au premier rang de celle qui la précède.

Quand on devra marcher à rangs ouverts (ce qui ne ſe fera que quand les bataillons ſeront ſur trois rangs) ſi c'eſt par bataillon, on gardera ſix pas ordinaires de diſtance d'un rang à l'autre, quatre pas ſi c'eſt par demi-rang ou par manche, & deux ſeulement par pelotons ou par ſection. Et lorſqu'on voudra ſe remettre en bataille, on fera reſſerrer les rangs pour ne prendre que les diſtances néceſſaires entre chaque diviſion.

Serrez les rangs en marchant. POUR faire ſerrer les rangs en marchant, le Major avertira les Officiers de la tête de la colonne, de ne marcher que le petit pas juſqu'à nouvel ordre, & il ordonnera aux Tambours d'appeler.

A ce ſignal, les premiers rangs de chaque diviſion marcheront le petit pas juſqu'à ce qu'ils aient été joints par les autres rangs qui marcheront le pas ordinaire pour ſerrer les rangs. Lorſque les rangs ſeront ferrés, le Major fera battre aux champs, & à ce nouveau ſignal, toutes les diviſions, excepté la première, marcheront le pas ordinaire juſqu'à ce qu'elles ſoient arrivées à la

diſtance néceſſaire pour pouvoir ſe mettre en bataille ;
& lorſqu'elles devront ſe mettre en bataille, le Major
fera battre *au drapeau.*

LORSQU'UNE troupe étant en marche, il ſe trou- *Paſſage*
vera quelqu'empêchement qui ne permettra pas au front *d'un défilé.*
de la diviſion de paſſer en entier, ſi le paſſage eſt ſur
la droite, les hommes de la gauche de chaque rang,
qui ne pourront marcher devant eux, fileront derrière
la droite de leur rang ; & auſſi-tôt qu'ils auront paſſé le
défilé, ils reprendront diligemment leur place. La même
choſe s'obſervera par ceux de la droite des rangs, ſi le
défilé eſt ſur la gauche ; ſi le défilé ſe trouve au centre,
les hommes du centre du rang paſſeront les premiers,
& ceux de la droite & de la gauche des rangs, ſe jettant
derrière le centre, paſſeront enſuite.

CE mouvement ſe commencera dans chaque diviſion
quelques pas avant qu'elle entre dans le défilé ; & au
ſortir du défilé, les parties de rang qui auront été rom-
pues, doubleront le pas pour s'y rejoindre, afin qu'il
n'y ait point de retardement à la marche de ceux qui
les ſuivent.

LORSQU'EN marchant à rangs ouverts, il s'agira de *Quart de*
faire un quart de converſion, le premier rang de chaque *converſion en*
diviſion étant arrivé ſur le terrein où elle doit tourner, *marchant.*
l'Officier qui la conduira lui commandera, *ſerrez vos rangs ;*
auſſi-tôt les deux derniers rangs marcheront le pas
redoublé pour ſe ſerrer ſur le premier, qui reſtera de
pied ferme : l'Officier commandera tout de ſuite, *marche,*
& les trois rangs feront enſemble légèrement le quart de
converſion. Dès qu'il ſera fait, l'Officier commandera,

H ij

marche, & alors la division partira successivement du pied gauche, chaque rang observant de reprendre sa distance.

Ces commandemens faits à une division, ne doivent influer en rien sur la marche de la division qui la suit.

Places des Grenadiers & du Piquet en marchant. LE bataillon marchant en bataille, la compagnie de Grenadiers & le piquet conserveront leur place à la droite & à la gauche du bataillon.

Quand il marchera par demi-rang, la compagnie de Grenadiers marchera avec le premier demi-rang, & le piquet avec le second demi-rang.

Si le bataillon marche par manches ou par pelotons, la Compagnie de Grenadiers & le piquet feront chacune leur division particulière à la tête & à la queue du bataillon.

DES MANŒUVRES PAR RANGS
ET PAR FILES.

Ouvrir les rangs. LORSQU'UN bataillon étant en bataille les rangs serrés, on voudra les faire ouvrir en avant, on fera les commandemens suivans :

1. *Prenez garde à vous pour ouvrir les rangs en avant.*
2. *Marche.*
3. *Halte.*

LE premier commandement ne servira que d'avertissement.

Au deuxième commandement, le premier rang partira seul marchant le pas ordinaire; le second rang partira au septième pas du premier rang; le troisième rang ne bougera si le bataillon doit s'arrêter; mais si le bataillon doit marcher, le troisième rang partira au septième pas du second rang.

Au troisième commandement, les trois rangs s'arrêteront ensemble si le bataillon marche; mais s'il ne devoit pas marcher, le Major aura attention de commander *halte* quand le second rang formera son sixième pas.

Pour faire ouvrir les rangs, le bataillon étant rompu.

Si c'est par demi-rangs ou par manches, le second rang ne partira qu'au cinquième pas du premier rang, & le troisième au cinquième pas du second rang.

Si le bataillon est par pelotons ou par sections, le second rang ne partira qu'au troisième pas du premier rang, & le troisième rang ne partira qu'au troisième pas du second rang.

Pour faire ouvrir les rangs en arrière, on commandera :

1. *Prenez garde à vous pour ouvrir les rangs en arrière.*
2. *Que le premier rang ne bouge.*
3. *Demi-tour à droite.*
4. *Marche.*
5. *Halte.*
6. *Remettez-vous.*

Au troisième commandement, les deux derniers rangs feront demi tour à droite.

Au quatrième, le troisième rang partira seul, & le second rang partira au septième pas du troisième rang.

H iij

Au cinquième commandement, les deux derniers rangs s'arrêteront.

Au fixième, ils fe remettront par un demi-tour à droite.

Serrer les rangs. Le bataillon étant en bataille à rangs ouverts, on les fera ferrer en arrière, en commandant :

1. *Prenez garde à vous pour ferrer les rangs en arrière.*
2. *Que le dernier rang ne bouge.*
3. *Demi-tour à droite.*
4. *Marche.*
5. *Remettez-vous.*

Au troifième commandement, les deux premiers rangs feront demi-tour à droite.

Au quatrième, ils marcheront jufqu'à ce qu'ils fe foient approchés du troifième, chacun à la diftance d'un pied ci-devant prefcrite.

Au cinquième, ils fe remettront par un demi-tour à droite.

Pour faire ferrer les rangs en avant, on commandera :

1. *Prenez garde à vous pour ferrer les rangs en avant.*
2. *Que le premier rang ne bouge.*
3. *Marche.*

Les deux premiers commandemens ne ferviront que d'avertiffement.

Au troifième, les deux derniers rangs marcheront jufqu'à ce que chaque rang foit à la diftance prefcrite.

Pour ouvrir les files, on commandera :   *Ouvrir les files.*

1. *Que la file du centre ne bouge.*
2. *A droite & à gauche, ouvrez vos files.*
3. *Marche.*
4. *Halte.*
5. *Remettez-vous.*

    Au deuxième commandement, les files de la droite du bataillon ou du régiment, feront à droite sur le talon gauche, celles de la gauche feront à gauche sur le talon droit.

    Au troisième, la file de la droite partira du pied gauche, & celle de la gauche du pied droit; elles marcheront l'une & l'autre devant elles le petit pas, & seront suivies des files de la droite & de la gauche, qui partiront successivement du même pied, chacune au troisième pas de la file qui la précède.

    Au quatrième, elles s'arrêteront, leurs distances étant prises.

    Au cinquième, elles se remettront, les files de la droite tournant sur le talon gauche, & celles de la gauche sur le talon droit.

On abrégera l'opération d'ouvrir les files pour le maniement des armes, en faisant garder les distances nécessaires entre les bataillons qui arriveront sur le terrein les files serrées, pour qu'ils se rejoignent en les ouvrant; au moyen de quoi on ne fera ouvrir les files que par bataillon.

Pour faire serrer les files, on commandera :   *Serrer les files.*

1. *Que la file du centre ne bouge.*

2. *A droite & à gauche, serrez vos files.*

3. *Marche.*

4. *Remettez-vous.*

Au deuxième commandement, les files de la droite du bataillon feront à gauche sur le talon droit, celles de la gauche feront à droite sur le talon gauche.

Au troisième, les files de la droite partiront du pied droit, & celles de la gauche du pied gauche; elles marcheront le pas ordinaire sur celle du centre, & s'arrêteront successivement à mesure qu'elles joindront celle qui les précède.

Au quatrième, elles se remettront, les files de la droite faisant à droite sur le talon droit, & celle de la gauche faisant à gauche sur le talon gauche.

Doubler les files. LORSQUE l'on voudra donner plus de profondeur au bataillon en diminuant son front, on commandera :

1. *Prenez garde à vous pour doubler vos files.*

2. *Ouvrez vos rangs.*

3. *Que les files secondes ne bougent.*

4. *A gauche (ou à droite) par files, doublez vos files en avant.*

5. *Marche.*

Au deuxième commandement, le premier rang avancera de deux pas ordinaires, & le second d'un pas, le troisième ne bougera.

Au quatrième, les files qui auront été comptées premières lors de la formation du bataillon, se placeront devant les files comptées secondes, par un pas oblique de droite à gauche, à gauche, si le bataillon est formé par la droite; ou de gauche à droite, si le bataillon est formé par la gauche.

Les Enseignes & leurs Sergens ne bougeront, & on fera doubler sur eux les Soldats du même rang qui en seront les plus voisins. Si le Sergent du côté par lequel on aura commencé à compter les files, a été compté file première, en ce cas les deux Soldats d'à côté se placeront devant lui & son Enseigne, & ceux qui sont à côté de l'autre Sergent en feront de même: si au contraire ce Sergent a été compté file seconde, alors la file première d'à côté de lui le couvrira, & les trois Soldats les plus voisins de l'autre Sergent viendront se placer devant les deux Enseignes & lui; ce qui n'empêchera pas que les autres files ne continuent à se doubler dans l'ordre prescrit.

Au cinquième commandement, les files des trois pelotons de la droite, marcheront le pas oblique de droite à gauche; & celles des trois pelotons de la gauche, de gauche à droite, jusqu'à ce que toutes les files se soient resserrées sur le centre du bataillon.

Lorsqu'on fera cette manœuvre, la compagnie de Grenadiers & le piquet qui seront restés sur trois rangs, marcheront aussi le pas oblique pour suivre le mouvement des pelotons de la droite & de la gauche.

Pour dédoubler les files & rendre au bataillon le front qu'il avoit précédemment, on commandera: *Dédoubler les files.*

1. *A droite (ou à gauche) par files, dédoublez vos files en marchant.*
2. *Marche.*

Au deuxième commandement, le bataillon se mettra en mouvement par le pas oblique, les trois pelotons de la droite le faisant de gauche à droite, & les trois pelotons

I

de la gauche de droite à gauche : les files secondes sur lesquelles on aura doublé, entreront dans le premier, le troisième & le cinquième rangs, aussi-tôt que la place se trouvera vuide devant elles; & à mesure que les files auront été dédoublées, elles quitteront le pas oblique pour marcher le petit pas en avant. Cette manœuvre se continuera, la compagnie de Grenadiers marchant le pas oblique de gauche à droite, & le piquet de droite à gauche, jusqu'à ce que toutes les files des pelotons aient été dédoublées.

On observera, en dédoublant les files, que les quatre Soldats qui ont doublé sur les Enseignes & leurs Sergens, s'ouvrent devant eux pour se dédoubler dans le même ordre qu'ils auront suivi en doublant ; ce qui s'exécutera successivement jusqu'à ce que lesdits Enseignes & Sergens aient repris leur place entre ces Soldats, sans déranger le dédoublement des autres files.

Cette opération étant finie, le Major commandera: *serrez vos rangs;* alors les deux derniers rangs marcheront le pas ordinaire pour serrer sur le premier qui continuera de marcher au petit pas, & les Officiers & Sergens reprendront les places qu'ils doivent occuper dans les rangs & en serre-file.

Border la haie. POUR border la haie, on commencera par faire ouvrir les rangs en arrière, afin de prendre des distances proportionnées au front de chaque compagnie.

Après cette disposition, on commandera:

1. *Demi-tour à droite.*
2. *A gauche & à droite par compagnie, bordez la haie.*
3. *Marche.*
4. *Remettez-vous.*

Au premier commandement, les Soldats feront demi-tour à droite.

Au troisième, chaque rang des compagnies de la droite des pelotons, fera à gauche un quart de converſion, & ira s'appuyer à la file droite du rang ſuivant, devenue file de la gauche par le demi-tour à droite, & chaque rang des compagnies de la gauche des pelotons, fera le même mouvement par un quart de converſion à droite.

Au quatrième, les deux compagnies du même peloton ſe feront face en ſe remettant par un demi-tour à droite.

Lorſqu'on voudra remettre les compagnies en bataille, on leur fera former les rangs par des mouvemens contraires à ceux qu'ils auront faits pour border la haie.

DES ÉVOLUTIONS
pour rompre & reformer les bataillons.

POUR exercer les bataillons à ces ſortes d'évolutions, on commencera par leur faire doubler les files. *Rompre & reformer les bataillons.*

On les fera rompre enſuite par la droite & par la gauche, par le centre & par les aîles, par deux compagnies couplées que l'on appellera pelotons, par deux pelotons que l'on appellera manches, & par trois pelotons que l'on appellera demi-rangs.

On ne fera rompre le bataillon par compagnies appelées ſections, que pour défiler, ou pour marcher en colonne, le bataillon étant ſur trois rangs.

Toutes les fois qu'on fera rompre un bataillon, on le fera ſe reformer par les mouvemens contraires.

I ij

Pour cet effet, on commandera :

1. *A droite (ou à gauche) par pelotons (ou par manches, par demi-rangs) rompez le bataillon.*
2. *Marche.*
3. *Halte.*

Le premier commandement avertira du côté par lequel le bataillon devra se rompre, & du nombre de divisions qu'il devra former en se mettant en colonne.

Au deuxième, toutes les divisions s'ébranleront à la fois (à moins que le contraire ne soit ordonné) faisant marcher leurs gauches ou leurs droites, & soûtenir leurs droites ou leurs gauches.

Au troisième, les divisions s'arrêteront où elles se trouveront.

1. *A gauche (ou à droite) par pelotons (ou par manches, par demi-rangs) reformez le bataillon.*
2. *Marche.*
3. *Halte.*

Le premier sera pour avertir quand le commandement se fera à la voix; mais si c'est au son de la caisse, on formera le bataillon dès que les Tambours commenceront à battre aux drapeaux.

Au deuxième, on fera marcher les droites ou les gauches des divisions, tandis que les gauches ou les droites ne bougeront; & le bataillon se trouvant en bataille, marchera en avant jusqu'au troisième commandement, auquel il s'arrêtera.

Toutes les fois que l'on rompra le bataillon, le premier Officier de chaque division s'avancera d'un pas en avant du centre de son premier rang, d'où il la conduira; observant de conserver toûjours en marchant, comme il a été dit, la distance de l'étendue du front de sa division entre son premier rang & le premier rang de la division qui le précède, pour être en état de se remettre en bataille. *Place des Officiers en rompant.*

Lorsque les divisions se remettront en bataille, cet Officier se rapprochera du rang.

L'on fera marcher le bataillon, étant ainsi rompu, tant à rangs ouverts qu'à rangs serrés.

Si, le bataillon marchant en colonne, on veut augmenter son front, on doublera ou triplera les divisions suivant les méthodes suivantes. *Doubler & tripler les divisions en marchant.*

1. *Prenez garde à vous pour doubler les divisions en se jetant sur la gauche.*

2. *Marche.*

Au deuxième commandement, toutes les divisions paires marchant le pas oblique, se jetteront sur leur gauche; & lorsque leur file droite se trouvera à la hauteur de la gauche des divisions impaires qui les précèdent, & qui auront continué de marcher devant elles au petit pas, elles iront s'y joindre par le pas redoublé; & quand elles s'y seront rejointes, elles continueront de marcher ensemble le pas ordinaire.

Pour doubler les divisions en se jetant sur la droite,

On fera marcher les divisions impaires le pas oblique

fur leur droite, & les divifions paires viendront fe placer à leur gauche, marchant droit devant elles, d'abord le petit pas, & enfuite le pas redoublé dès que la gauche de la divifion précédente fera à la hauteur de leur droite.

On fera dédoubler les divifions, en commandant:

1. *Prenez garde à vous, divifions, pour vous dédoubler.*
2. *Marche.*

Au deuxième commandement, les divifions impaires continueront de marcher devant elles, & les divifions paires fe jetteront fur leur droite par le pas oblique, pour aller fe placer derrière les impaires; obfervant que la divifion paire doit attendre pour partir que le dernier rang de la divifion impaire ait dépaffé fon premier rang.

Cet ordre fera renverfé, comme il a déjà été obfervé, dans les bataillons rangés de gauche à droite, lefquels devront marcher par leur gauche.

Pour augmenter encore davantage fon front, on triplera les divifions quand le bataillon fera rompu par manches ou par pelotons, en commandant:

1. *Prenez garde à vous pour tripler les divifions.*
2. *Marche.*

Si le bataillon eft rompu par manches, la première divifion compofée du premier & du troifième pelotons, marchera le pas oblique fur fa droite: la deuxième divifion compofée des cinquième & fixième pelotons, continuera de marcher en avant au petit pas, jufqu'à ce que la gauche de la divifion précédente étant à la hauteur de fa droite, elle marchera au pas ordinaire pour l'aller joindre ; & elles marcheront ensemble au petit pas, jusqu'à ce que la troisième les ait jointes. Cette dernière division qui sera composée du deuxième & du quatrième pelotons, marchera le pas oblique sur sa gauche, jusqu'à ce que sa droite se trouve à la hauteur de la gauche de la division précédente : elle marchera alors le pas redoublé pour la rejoindre, de manière que les trois divisions étant arrivées sur la même ligne, le bataillon se trouvera en bataille & marchera le pas ordinaire.

En même temps que les manches exécuteront ce mouvement, la compagnie de Grenadiers qui sera à la tête de la première division, marchera à droite plus obliquement pour prendre la droite du bataillon ; & le piquet qui sera à la queue de la troisième division, marchera pareillement sur la gauche pour prendre la gauche du bataillon.

Si le bataillon est rompu par pelotons, la première division formée par le premier peloton, marchera le pas oblique sur la droite : la seconde division formée par le troisième peloton, marchera en avant pour aller se placer à la gauche du premier ; & la troisième division formée par le cinquième peloton, marchera le pas oblique à gauche, pour aller joindre sa file droite à la file gauche du troisieme peloton. Ce mouvement fait, ces trois pelotons formeront un demi-rang.

Les trois divisions suivantes formeront un second demi-rang dans l'ordre suivant : la première formée par le sixième peloton, marchera le pas oblique à droite, pour aller se placer derriere le premier peloton : la deuxième formée par le quatrième peloton, continuera à marcher devant elle ; & la troisième formée par le deuxième peloton, marchera le pas oblique sur la gauche, pour aller se mettre sur la gauche du quatrième peloton.

La compagnie de Grenadiers & le piquet marchant encore plus obliquement que les pelotons, iront se placer, les Grenadiers à la droite du premier demi-rang, & le piquet à la gauche du second demi-rang.

Pour faire remettre ces mêmes divisions en colonne, comme elles étoient auparavant d'avoir été triplées, on commandera :

1. *Prenez garde à vous, divisions, pour vous remettre en colonne.*
2. *Marche.*

Au deuxième commandement, si le bataillon est en bataille, la compagnie des Grenadiers, après avoir fait trois pas ordinaires en avant, marchera le pas oblique à gauche. La manche de la droite fera ensuite six pas en avant, & marchera le pas oblique à gauche : la manche du centre marchera en avant le petit pas; & la manche de la gauche, ainsi que le piquet, marcheront successivement le pas oblique à droite.

Si le bataillon est sur deux demi-rangs, la compagnie de Grenadiers, le premier peloton & le sixième, marcheront le pas oblique à gauche : le troisième peloton & le quatrième marcheront devant eux au petit pas ; le cinquième & le deuxième, ainsi que le piquet, marcheront le pas oblique à droite.

Pour exécuter ce mouvement, il est nécessaire que chaque division attende, pour partir, que celle qui la doit précéder ait gagné en avant la distance qui doit être entre elles.

Quarts de conversion. LE régiment ou le bataillon étant en bataille à rangs & files serrés, on lui fera faire des quarts de conversion par la droite & par la gauche, tant au régiment entier qu'à chaque bataillon séparément, par les commandemens suivans :

1. *A droite*

1. *A droite (ou à gauche) par bataillon (ou par régiment) faites un quart de conversion.*
2. *Marche.*
3. *Halte.*

Au deuxième commandement, tout le bataillon, ou le régiment, se mettra en mouvement du pied gauche, de quelque côté que la conversion se fasse, observant ce qui est prescrit à cet égard au titre de la marche.

LES commandemens pour la conversion centrale par bataillon, seront : *Conversion centrale.*

1. *Prenez garde à vous, bataillon, pour faire la conversion centrale.*
2. *Demi-rang de la droite, demi-tour à droite.*
3. *A droite par demi-rang, faites un quart de conversion.*
4. *Marche.*
5. *Halte.*
6. *Remettez-vous.*

Au deuxième commandement, le demi-bataillon de la droite fera demi-tour à droite.

Au quatrième, chaque demi-bataillon marchera par son aile gauche, & les deux hommes du centre du premier rang du bataillon tourneront l'un sur l'autre sans se quitter.

Au cinquième, tout le bataillon s'arrêtera.

Au sixième, le demi-bataillon de la droite fera demi-tour à droite, & sur le champ on fera dresser & aligner les rangs.

K

Lorsque l'on fera la conversion centrale du bataillon par la gauche, l'aîle gauche fera demi-tour à droite & se remettra aussi par un demi-tour à droite.

Rompre & reformer les bataillons par le centre, pour passer le défilé. LA manœuvre de rompre & reformer les bataillons par le centre pour le passage d'un défilé, doit se régler sur la largeur de l'ouverture du défilé, afin d'y entrer par des divisions proportionnées : pour cet effet, lorsque la troupe sera près du défilé, on commandera :

1. *Prenez garde à vous, bataillon, pour passer le défilé.*
2. *Que les pelotons du centre ne bougent.*
3. *Je parle au reste du bataillon, à droite & à gauche.*
4. *Marche.*

Au deuxième commandement, la compagnie de Grenadiers marchera six pas en avant, fera à gauche, & longera le front du bataillon pour venir se placer en avant du centre. Le piquet marchera en même temps trois pas en avant, fera à droite, & viendra se placer entre la compagnie de Grenadiers & le bataillon.

Au troisième, les deux pelotons de la droite du bataillon feront à gauche, & les deux pelotons de la gauche feront à droite, à moins que le défilé ne fût si serré qu'on ne pût y passer que par section; auquel cas tout le bataillon feroit à droite & à gauche, à l'exception des deux sections du centre.

Au quatrième, la compagnie de Grenadiers entrera dans le défilé de front, ou par moitié de rang selon la largeur du défilé; & après l'avoir passé, elle se reformera un peu sur la droite du débouché, sur le terrain que le bataillon devra occuper. Le piquet la fuivra pour aller fe placer à fa gauche; enfuite le cinquième peloton entrera dans le défilé & le paffera; le fixième en fera de même, & alternativement le troifième, le quatrième, le premier & le deuxième pelotons. Si l'on ne pouvoit paffer que par fection, la compagnie de la gauche du cinquième peloton pafferoit la première, fuivie de celle de la droite; puis la compagnie de la droite du fixième peloton, fuivie de celle de la gauche, & ainfi des autres, chaque peloton fe reformant au-delà du défilé par des à droite & à gauche.

A mefure que les pelotons fe préfenteront pour fe mettre en bataille au-delà du défilé, la compagnie de Grenadiers & le piquet leur feront place, marchant par la droite & par la gauche, jufqu'à ce que tous les pelotons ayant pris la leur, alors ils s'arrêteront à la droite & à la gauche du bataillon, & feront face en tête.

Lorfque cette évolution fe fera par deux bataillons, on commencera par faire rejoindre les deux bataillons.

Au deuxième commandement, les deux compagnies de Grenadiers paffant devant le bataillon, viendront fe placer devant les piquets qui feront au centre.

Au troifième, le bataillon de la droite fera à gauche, & le bataillon de la gauche fera à droite.

Au quatrième, les deux compagnies de Grenadiers entreront dans le défilé, & enfuite les piquets: on fera paffer après fucceffivement les feconds pelotons du premier & du deuxième bataillons, & leurs quatrième, fixième, cinquième, troifième & premier pelotons, lefquels feront à droite & à gauche à mefure qu'ils devront entrer dans le défilé.

Les pelotons du premier bataillon ayant paffé le défilé, iront fe placer fur la droite de leur piquet, & ceux du deuxième bataillon fur la gauche du leur. A mefure que les piquets & les pelotons arriveront, les compagnies de Grenadiers leur céderont le terrain jusqu'à ce que les bataillons soient en bataille.

Rompre les bataillons par les aîles pour repasser le défilé.

ON rompra le bataillon par les aîles pour repasser le défilé, en commandant:

1. *Prenez garde à vous, bataillon, pour repasser le défilé.*
2. *Je parle aux pelotons des aîles.*
3. *Demi-tour à droite.*
4. *Marche.*

Au troisième commandement, les Grenadiers & le piquet feront à gauche & à droite; le second & le premier pelotons feront demi-tour à droite.

Au quatrième, les pelotons qui ont fait demi-tour à droite, marcheront en arrière jusqu'à ce qu'ils aient dépassé le dernier rang du bataillon; puis ils feront à gauche & à droite pour longer la queue du bataillon, jusqu'au défilé qu'ils passeront l'un après l'autre, faisant à droite & à gauche; s'ils ne peuvent le passer de front, le second peloton passera avant le premier. Ces pelotons, après avoir passé, feront encore à droite & à gauche, & ils iront se placer sur le terrain que la gauche & la droite du bataillon devront occuper de l'autre côté du défilé, auquel ils feront face par un troisième à droite & à gauche.

Les autres pelotons de gauche & de droite suivront successivement le second & le premier, faisant demi-tour à droite à mesure que ceux qui les précèdent les auront dépassés.

La compagnie des Grenadiers & le piquet se resserreront sur le centre du bataillon à proportion que les pelotons leur laisseront du terrain.

Le piquet paſſera après le dernier peloton, & la compagnie des Grenadiers après le piquet.

Lorſque l'on aura deux bataillons à rompre par les aîles pour les faire repaſſer enſemble le défilé ;

Les pelotons des aîles de chaque bataillon manœuvreront ſucceſſivement, comme il a été dit, commençant par le premier peloton du deuxième bataillon ; enſuite le premier peloton du premier bataillon, & ainſi ſucceſſivement juſqu'aux piquets & aux Grenadiers qui paſſeront les derniers.

Les deux compagnies de Grenadiers ſe ſerreront ſur le centre à meſure que les pelotons & les piquets leur céderont du terrain, comme il a été dit pour la retraite d'un bataillon.

DE LA COLONNE.

Pour former la colonne d'un bataillon, après en avoir prévenu les troupes, ſoit que les commandemens ſe faſſent à la voix ou au ſon de la caiſſe, on commandera : *Colonne d'un bataillon.*

1. *Prenez garde à vous, pour former la colonne.*
2. *Que la manche du centre ne bouge.*
3. *Demi-tour à droite.*
4. *Marche.*
5. *Halte.*

Les deux premiers commandemens ne ſerviront que d'avertiſſement.

Au troiſième, les deux manches de la droite & de la

gauche, & le piquet, feront demi-tour à droite, la compagnie des Grenadiers fera trois pas en avant, & fera enfuite à gauche.

Au quatrième, la manche de la droite fera un quart de converfion à droite, celle de la gauche & le piquet feront enfemble un quart de converfion à gauche ; ces deux manches marcheront jufqu'à ce que leur premier rang, devenu le dernier, foit à la hauteur des files de la droite & de la gauche des deux pelotons du centre qui ne bougeront : le piquet qui aura fait le quart de converfion avec la manche de la gauche, marchera avec elle, obfervant d'aligner fon premier rang au dernier rang de cette manche ; & quand elle s'arrêtera, il fera un autre quart de converfion à gauche pour couvrir la queue de la colonne. La compagnie des Grenadiers marchera en même temps par fon flanc gauche, & viendra fe placer par un à droite à la tête de la manche du centre du bataillon, qui formera la tête de la colonne. Les Tambours (à l'exception de deux qui refteront en dehors aux angles oppofés de la tête & de la queue de la colonne) iront, par le pas redoublé, fe mettre en file dans le centre de la colonne, entre les Officiers & les Sergens de ferre-file des différens pelotons.

Au cinquième commandement, toute la colonne fera demi-tour à droite pour faire face en dehors; à l'exception de la compagnie des Grenadiers qui continuera de faire face en tête, ainfi que la manche du centre du bataillon qui formera la tête de la colonne, dont cependant les deux files de la droite du cinquième peloton, feront à droite, & les deux files de la gauche du fixième peloton, feront à gauche.

Cette colonne marchera de tous les fens fur les commandemens qui lui feront faits, ou fur les batteries ci-après indiquées.

Quand on battra *la charge*, elle fera face en tête & marchera le pas redoublé, les armes préfentées.

Quand on battra *aux champs*, elle fera face du côté qu'un des Tambours qui feront reftés en dehors, commencera de battre, & elle marchera le pas ordinaire, portant fes armes.

Quand on battra *la retraite*, elle fera face par la queue.

Quand les Tambours cefferont de battre, elle fera *halte*, & tout fera face en dehors, les armes préfentées.

Lorfque l'on voudra faire rompre cette colonne pour la remettre en bataille, on commandera :

1. *Prenez garde à vous, pour rompre la colonne.*
2. *A droite & à gauche, par quart de converfion, rompez la colonne.*
3. *Marche.*

Au premier commandement, toute la colonne portera fes armes, la compagnie des Grenadiers fera à droite après avoir marché deux pas en avant, & le piquet fera un quart de converfion à droite.

Au troifième, les deux manches de la droite & de la gauche feront un quart de converfion à gauche & à droite, & s'aligneront enfuite avec la manche du centre. La compagnie de Grenadiers longera l'alignement pour reprendre fa place à la droite du premier peloton, où elle fera face en tête par un à gauche. Le piquet fera le quart de converfion à droite avec la manche de la gauche. Les Tambours battront *aux drapeaux*, & iront, par le pas redoublé, reprendre leur place à la droite & à la gauche du bataillon.

ON formera la colonne de deux bataillons, après les avoir fait réunir, en commandant : *Colonnes de deux bataillons.*

1. *Prenez garde à vous, les deux bataillons, pour former la colonne.*
2. *Que le deuxième peloton de chaque bataillon ne bouge.*
3. *Demi-tour à droite.*
4. *A droite & à gauche, par quart de conversion, formez la colonne.*
5. *Marche.*
6. *Halte.*

Les deux premiers commandemens ne serviront que d'avertissement.

Au troisième, les deux bataillons, à l'exception des deux pelotons indiqués, feront demi-tour à droite, ainsi que la compagnie des Grenadiers & le piquet du bataillon de la gauche. La compagnie de Grenadiers du bataillon de la droite, marchera quatre pas en avant & fera à gauche ; le piquet du même bataillon fera deux pas en avant.

Au cinquième commandement, la compagnie de Grenadiers du bataillon de la droite, marchera par son flanc gauche, & ira se placer, par un à droite, sur le piquet de son bataillon.

Le piquet du bataillon de la gauche marchera le pas redoublé, & ira se placer, par deux quarts de conversion à gauche, vis-à-vis le piquet du bataillon de la droite, à la distance nécessaire, pour que la colonne se forme entre ces deux piquets.

Les pelotons qui auront fait demi-tour à droite, feront ensemble un quart de conversion ; savoir, ceux du bataillon de la droite, à droite ; & ceux du bataillon de la gauche, avec sa compagnie de Grenadiers, à gauche. Ces quarts de de converſion étant achevés, les deux pelotons qui n'ont bougé, feront à gauche & à droite, & marcheront pour ſe rejoindre derrière le piquet & la compagnie des Grenadiers du bataillon de la droite, & tout de ſuite ils feront à droite & à gauche pour ſe retrouver face en tête. Les pelotons des deux bataillons qui auront achevé leur quart de converſion, marcheront en même temps les uns vers les autres: ceux du bataillon de la droite aligneront leur dernier rang ſur la file droite du peloton du même bataillon, qui fera face en tête; & ceux du bataillon de la gauche, ſur la file de la gauche du peloton de ce bataillon, qui fera auſſi face en tête. La compagnie des Grenadiers du bataillon de la gauche s'avancera pareillement en ſe détachant du bataillon par un pas oblique de gauche à droite, juſqu'à ce que ſa première file de la gauche ſoit alignée, & joignant le rang extérieur du piquet du même bataillon; enſuite, par un ſecond quart de converſion à gauche, elle couvrira le piquet du même bataillon.

Pendant cette opération, les Tambours des deux bataillons viendront, par le pas redoublé, ſe mettre ſur une file au centre de la colonne, entre les Officiers & les Sergens de ſerre-file; à l'exception, comme il a été dit pour la colonne d'un bataillon, de deux Tambours qui reſteront en dehors aux angles oppoſés de la tête & de la queue de la colonne, pour avertir quand on voudra la faire marcher par l'une de ſes faces.

Au ſixième commandement, toute la colonne fera demitour à droite, excepté la compagnie de Grenadiers & le piquet du bataillon de la droite, & les deux pelotons qui formeront la tête de la colonne, leſquels continueront de faire face en tête, les deux files de droite & de gauche de ces pelotons, faiſant cependant face en dehors par un à droite & un à gauche.

On fera faire à cette colonne les mêmes mouvemens qu'à celle d'un bataillon.

L

Lorfqu'après un roulement on battra *la charge*, la colonne fe féparera en deux de la tête à la queue, & marchera le pas redoublé par fes faces, les armes préfentées, jufqu'à ce que les Tambours ceffent de battre ou qu'ils changent de batterie.

Les compagnies de Grenadiers marcheront avec leur bataillon; à l'égard des piquets, celui du bataillon de la droite marchera avec le bataillon de la gauche, & celui du bataillon de la gauche avec le bataillon de la droite, ne quittant point les flancs de la partie à laquelle ils font attachés. Les Tambours fuivront leurs bataillons avec les Officiers & Sergens de ferre-file.

Lorfqu'après la féparation de la colonne, les Tambours cefferont de battre, les deux divifions s'arrêteront, faifant face chacune du côté où elle marchoit; & lorfqu'on battra l'*affemblée*, elles feront demi-tour à droite & fe rejoindront fur le centre, marchant le pas ordinaire.

Pour rompre cette colonne & fe mettre en bataille, on fera les commandemens fuivans:

1. *Prenez garde à vous pour rompre la colonne.*
2. *A droite & à gauche, par quart de converfion, rompez la colonne.*
3. *Marche.*
4. *Halte.*

Au premier commandement, toute la colonne portera fes armes.

Au deuxième, la compagnie de Grenadiers du bataillon de la droite, fera à droite, & son piquet fera demi-tour à droite; celle du bataillon de la gauche fera un quart de conversion à droite; les deux pelotons de la tête de la colonne feront à droite & à gauche.

Au troisième, tout le bataillon de la droite fera cinq pas ordinaires en avant, & tout de suite il se mettra en bataille, ses cinq pelotons faisant un quart de conversion à gauche, & s'alignant sur le peloton qui fermera la gauche du bataillon. Sa compagnie de Grenadiers marchera en même temps le pas redoublé pour aller se placer à la droite par un à gauche.

Le bataillon de la gauche fera quinze pas redoublés en avant, ainsi que sa compagnie de Grenadiers qui s'y réunira, & fera un quart de conversion à droite avec les cinq pelotons de la gauche; pendant ce temps-là le piquet du bataillon de la droite marchera pour reprendre sa place à la gauche de son bataillon, & le piquet du bataillon de la gauche fera deux quarts de conversion à droite, & marchera au pas redoublé pour aller reprendre sa place à la droite de ce bataillon.

Les Tambours battront *aux drapeaux*, & iront reprendre les places qu'ils occupoient avant la formation de la colonne.

Au quatrième commandement, toutes les troupes se dresseront sur le centre.

Les régimens qui ont quatre bataillons, formeront deux colonnes de deux bataillons.

DE L'EXERCICE DU FEU.

COMME il est essentiel d'accoutumer les troupes à tirer ensemble au commandement, on les y exercera le plus souvent qu'il sera possible, de toutes les manières ci-après prescrites, sans pouvoir faire usage d'aucune autre. Mais cet exercice ne se fera par bataillon, & même en moindre nombre, qu'après que l'on aura fait prendre, comme il a été dit, à chaque Soldat en particulier, & sur-tout à ceux de recrue, l'habitude de manier ses armes, de les charger promptement, de les bien tenir en joue, & de les tirer quand il est ordonné, sans faire aucun mouvement.

On mettra les bataillons sur trois rangs pour l'exercice du feu, & on les fera tirer de pied ferme par section, par peloton, par manche, par demi-rang & par bataillon.

On les fera tirer aussi par files, premières & secondes.

Quand il s'agira de faire tirer tout le bataillon ensemble, ou par files, le Major en fera les commandemens. Si ce doit être par division, il avertira de l'espèce de feu qui devra être exécuté, & chaque Commandant de division en fera le commandement à sa troupe dans les temps & l'ordre ci-après indiqués.

Lorsque le régiment étant en bataille on devra l'exercer aux différens feux, le Colonel, le Lieutenant-colonel & les Commandans de bataillon se placeront vis-à-vis les drapeaux contre le premier rang du cinquième peloton, dont les six files du centre ne tireront point sans l'ordre du Commandant. Le Capitaine des Grenadiers se tiendra à la droite de sa compagnie quand elle sera formée par la droite, & le Capitaine de piquet à la gauche de son piquet quand il sera formé par la gauche. Ils repasseront au centre de leur troupe lorsqu'il s'agira de commander le feu de section. Les autres Officiers & les Sergens occuperont chacun leur place dans les rangs & en serre-file.

Pour faire feu par section, le Major avertira: *Feu par section.*

Prenez garde à vous, bataillon, pour faire le feu de section.

Il avertira ensuite de la voix, ou par un signal, le Commandant du premier peloton, qu'il pourra commencer les commandemens; & aussi-tôt cet Officier faisant à gauche, commandera à la première section de ce peloton:

1. *Présentez les armes.*
2. *Genou en terre.*
3. *En joue.*
4. *Feu.*

Au premier commandement, les Soldats de ladite section présenteront les armes par deux mouvemens précipités qui s'exécuteront dans la valeur d'un seul temps.

Au deuxième, les Soldats du premier rang mettront genou en terre, & ceux des deux derniers rangs se mettront dans la position prescrite au quarante-neuvième commandement du maniement des armes.

Au troisième, comme au cinquantième commandement du maniement des armes.

Au quatrième, les Soldats des trois rangs feront feu ensemble, & retireront leurs armes comme au cinquante-unième commandement; & ils les chargeront tout de suite en quinze temps, ainsi qu'il est expliqué au maniement des armes, depuis le treizième jusqu'au vingt-troisième commandemens.

Quand le Commandant du premier peloton, dira *présentez les armes* à la section droite de ce peloton, l'Officier qui sera à la droite du sixième peloton fera à gauche,

& le temps d'après il fera le même commandement, & succeffivement les trois autres, à la section droite de ce peloton. Les sections droites des 3ᵉ, 4ᵉ, 5ᵉ & 2ᵉ pelotons préfenteront les armes fucceffivement au commandement des Officiers qui feront à la droite de ces pelotons, lorfque les mêmes sections des pelotons de leur droite mettront en joue. Le Capitaine des Grenadiers, qui aura pris fa place au centre de fa compagnie, fera à droite quand la section de la droite du troifième peloton fera feu, & le temps d'après il commandera à la droite de fa compagnie de préfenter les armes. Le Capitaine de piquet fera faire la même manœuvre à la droite de fon piquet, lui commandant de préfenter les armes quand la section droite du deuxième peloton mettra en joue.

On fera tirer les sections gauches dans le même ordre, celle du premier peloton ne préfentant les armes que quand la droite des Grenadiers aura fait feu, & celle du fixième peloton quand la droite du piquet aura fait feu; & en même temps que la gauche du piquet fera feu, la droite du premier peloton fera en état de recommencer à préfenter les armes.

Feu de peloton. QUAND le Major demandera que le bataillon faffe feu par peloton,

Les Commandans des 1ᵉʳ, 6ᵉ, 3ᵉ, 4ᵉ, 5ᵉ & 2ᵉ pelotons, le Capitaine de Grenadiers & celui du piquet feront fucceffivement les commandemens du feu, de façon que le fixième peloton préfentera les armes quand le premier fera feu; que les autres pelotons & le piquet les préfenteront le fecond temps d'après que le peloton de leur droite aura fait feu, & les Grenadiers le fecond temps d'après le feu du cinquième peloton. Ainfi quand le piquet mettra en joue, le premier peloton fera en état de recommencer à préfenter les armes.

Feu par manches. QUAND le Major demandera que le bataillon faffe feu par manches,

Le plus ancien Officier de chaque manche lui fera les commandemens, commençant par la manche de la droite, ensuite celle de la gauche, celle du centre, les Grenadiers & le piquet.

Chacune de ces troupes préfentera les armes quand celle qui la précède aura fait feu, & la manche de la droite pourra recommencer lorfque le piquet aura fait feu.

QUAND le Major demandera que le bataillon faffe feu par demi-rang ; *Feu par demi-rang.*

Le Commandant du bataillon fe placera entre le cinquième & le fixième peloton, où il fera à droite pour faire les commandemens au demi-rang de la droite du bataillon ; & quand ce demi-rang aura fait feu, le Commandant fera demi-tour à droite pour faire les mêmes commandemens au demi-rang de la gauche, deux temps après le feu du demi-rang de la droite.

La gauche du bataillon ayant fait feu, le Capitaine des Grenadiers fera, deux temps après, les commandemens à fa compagnie ; & quand elle aura fait feu, le Capitaine du piquet lui fera auffi, deux temps après, les mêmes commandemens, à fon tour ; de forte que le demi-rang de la droite pourra recommencer deux temps après que le piquet aura fait feu.

LE Major fera les mêmes commandemens quand il voudra faire tirer par bataillon entier, en réfervant (fi le Commandant le juge à propos) le feu des Grenadiers & du piquet pour les faire tirer féparément pendant que les pelotons rechargeront ; auquel cas les Grenadiers ne préfenteront les armes qu'au quatrième temps, après que le bataillon aura fait feu, & on laiffera le même intervalle entre le feu des Grenadiers & celui du piquet, & entre le feu du piquet & celui du bataillon, quand il devra recommencer. *Feu par bataillon.*

Feu par files. LE feu par files ne s'exécutera que par bataillon, par demi-rang & par manche.

Pour faire faire le feu par files au bataillon, le Major commandera :

1. *Prenez garde à vous, bataillon, pour faire feu par files.*
2. *Je parle aux files premières.*
3. *Présentez vos armes.*
4. *Genou en terre.*
5. *En joue.*
6. *Feu.*

CES commandemens, dont les deux premiers ne serviront que d'avertissement, s'exécuteront, comme il est marqué ci-dessus au feu de section, par les files du bataillon qui se feront comptées premières.

Lorsqu'elles auront tiré, le Major fera les mêmes commandemens aux files secondes; après quoi le Capitaine des Grenadiers & celui du piquet feront tirer ensemble les files premières de leur troupe, & ensuite les files secondes.

On observera de mettre le même intervalle entre ces feux, qu'il est marqué ci-dessus pour le feu par demi-rang.

Le feu de files par demi-rang sera commandé à chaque demi-rang, par le Commandant du bataillon, sur l'avertissement du Major.

On fera les commandemens successivement aux files premières du demi-rang de la droite, à celles des Grenadiers, à celles du demi-rang de la gauche & à celles du piquet, & ensuite aux files secondes des mêmes divisions; observant que chaque demi-rang présente les armes, le
second

second temps après le feu de l'autre; que les Grenadiers & le piquet préfentent les armes en même temps que le demi-rang auquel ils font appuyés fera feu, & que les files fecondes du premier demi-rang préfentent les armes, quand les files premières du piquet feront feu.

A l'égard du feu de files par manches, le plus ancien Officier de chaque manche le commandera quand le Major en aura averti.

Les files premières de la manche de la droite commenceront, enfuite celles de la manche de la gauche, celles de la manche du centre, celles de la compagnie des Grenadiers & celles du piquet; obfervant que les files premières de chaque divifion préfentent les armes quand celles de la divifion précédente mettront en joue. Les files fecondes de la manche de la droite préfenteront les armes quand les files premières du piquet mettront en joue; & lorfque les files fecondes du piquet mettront en joue, les files premières de la manche de la droite feront en état de recommencer.

Pour faire feu en fe retirant, le Major avertira : *Feu de retraite.*

1. *Prenez garde à vous, bataillon, pour faire le feu en retraite.*
2. *Que la compagnie des Grenadiers & le piquet ne bougent.*
3. *Demi-tour à droite.*
4. *Marche.*
5. *Halte.*

Au premier commandement, la compagnie des Grenadiers & le piquet préfenteront les armes.

Au troisième, le bataillon fera demi-tour à droite.

Au quatrième, il marchera le pas ordinaire, & s'arrêtera après avoir fait quinze pas : quand il aura fait dix pas, les Grenadiers & le piquet feront leur décharge au commandement de leurs Capitaines, & aussi-tôt après ils retireront leurs armes présentées, & feront demi-tour à droite pour venir par le pas redoublé reprendre leur place à la droite & à la gauche du bataillon, où ils chargeront leurs armes, après avoir fait demi-tour à droite pour faire face en tête.

Au cinquième, le bataillon fera face en tête par un demi-tour à droite, présentera les armes, & attendra que les Grenadiers & le piquet l'aient rejoint.

Le Commandant fera tirer ensuite le bataillon par demi-rangs, & après qu'ils auront fait feu & retiré les armes présentées, il commandera demi-tour à droite pour répéter la même manœuvre.

DES BATTERIES DES TAMBOURS,
& des signaux relatifs aux évolutions.

COMME il n'est pas possible que la voix des Officiers majors suffise pour qu'ils se fassent entendre sur l'étendue d'un front de plusieurs bataillons, & que pour y suppléer on est obligé de se servir des Tambours, il est indispensable de régler non seulement les batteries qui doivent annoncer chaque mouvement, mais encore les signaux par lesquels le Major doit faire entendre aux Tambours celles qu'ils ont à faire, afin que cette règle étant uniforme dans toutes les troupes, lorsque plusieurs corps se trouvent joints ensemble, tous les Tambours puissent entendre le signal de celui qui commande, & que tous les régimens se meuvent également à la même batterie.

C'est ce qui a engagé à donner le détail ci-après des batteries, par lesquelles chaque mouvement devra être désigné, & des signaux qui désigneront chaque batterie.

Batteries.

POUR rassembler une troupe, ou pour lui faire serrer les rangs lorsqu'elle est rassemblée, on fera *appeler* les Tambours.

Pour marcher en avant, on battra *aux champs*.

Tout mouvement qui n'aura point été indiqué, sera annoncé par un *roulement* s'il doit se faire par la droite, ou par deux si c'est par la gauche.

Si le bataillon doit se rompre par section, après un ou deux roulemens on donnera un coup de baguette, deux si c'est par pelotons, trois si c'est par manches, & quatre si c'est par demi-rangs.

Le bataillon étant rompu se reformera dès que l'on battra *aux drapeaux*, & marchera devant lui en bataille, soit qu'on continue cette batterie, ou qu'on batte la charge, même si l'on battoit aux champs; à moins que cette batterie n'eût été précédée de roulemens.

Si le bataillon doit marcher par le centre, on l'annoncera en battant *l'assemblée*, & marquant les divisions par les coups de baguette qui précéderont cette batterie.

Lorsqu'il devra marcher par les aîles en arrière, on battra *la breloque*, après avoir désigné de même les divisions par des coups de baguette.

Les bataillons entiers feront un quart de conversion, quand après un ou deux roulemens suivis de cinq coups de baguette, les Tambours battront *aux champs:* s'il y avoit plus d'un bataillon, on ne donnera point de coups de baguette après les roulemens quand on voudra leur faire faire ensemble le quart de conversion.

Pour doubler les divisions, on fera trois roulemens qui seront suivis d'un coup de baguette si les premières divisions doivent se jeter sur la droite, & de deux coups de baguette si les deuxièmes divisions doivent se jeter sur la gauche.

On fera les mêmes batteries pour dédoubler les divisions.

Pour tripler les divisions, on fera quatre roulemens suivis d'un coup de baguette, & on les fera remettre par la même batterie.

On formera la colonne, quand après un roulement suivi de trois coups de baguette les Tambours battront *l'assemblée*.

Le bataillon fera demi-tour à droite si l'on bat *la retraite*, & marchera devant lui.

On cessera de marcher toutes les fois que les Tambours cesseront de battre.

On battra *la breloque* pour envoyer les Soldats à la paille.

Signaux. A l'égard des signaux que le Major devra donner aux Tambours;

Il agitera sa canne circulairement autant de fois qu'il voudra que les Tambours fassent des roulemens.

Il marquera de même avec sa canne les coups de baguette qu'ils devront donner.

Pour faire battre *aux champs*, il lèvera sa canne droite le bout en haut, ayant le bras tendu à la hauteur de l'épaule.

Pour faire battre *aux drapeaux*, il aura le bras tendu, le poignet tourné en dedans, de façon que la canne croise horizontalement devant lui à la hauteur de la cravatte.

Pour faire battre *la charge*, il portera sa canne directement devant lui, le bout en avant, ayant le bras tendu.

Pour faire *appeler*, il mettra sa canne sur l'épaule.

Pour faire battre *la retraite*, il prendra sa canne par le milieu, le poignet tourné en dedans, le bras tendu à la hauteur de la cravatte.

Pour faire battre *l'assemblée*, il prendra sa canne par la pomme, le bras tendu devant lui à la hauteur de la cravatte, & la tiendra perpendiculaire le bout en bas.

Pour faire battre *la breloque*, il tiendra la canne pendue par le cordon, la main plus haute que la tête.

Pour faire cesser de battre, il donnera un grand coup de sa canne contre terre sans la relever.

DES REVÛES.

LORSQU'UN régiment ou bataillon devra passer en revûe;

Si c'est devant un Officier général ou quelqu'autre personne de distinction, il sera formé par pelotons sur trois rangs, comme il est dit au titre de la formation des bataillons. Les Capitaines seront chacun devant le centre de leur compagnie, à deux pas de distance du premier rang, ayant leur Lieutenant à leur gauche ou à leur droite selon que la compagnie sera formée par la droite ou par la gauche: & alors les Sergens de chaque compagnie rempliront les places que ces Officiers devroient occuper dans les rangs.

S'il s'agit d'une revûe de l'Inspecteur ou du Commisfaire des guerres, chaque compagnie partira de son quartier, rangée suivant l'ordre de l'ancienneté des Soldats qui la composent; & prendra cependant dans le bataillon le rang qui lui est marqué pour la formation des pelotons.

A l'égard des drapeaux, lorsque les Enseignes arriveront à la tête du bataillon pour une revûe d'honneur, ils se placeront devant le centre du premier rang, sans que l'on nomme des Sergens pour les accompagner; & les Officiers, Sergens & Soldats du piquet qui auront été chercher les drapeaux, iront par derrière le bataillon prendre leur rang dans les compagnies dont ils seront.

Pour les revûes de l'Inspecteur ou du Commissaire, les Enseignes porteront les drapeaux à la tête des compagnies auxquelles ils sont attachés.

Dans l'un & l'autre cas, les drapeaux étant placés, le Major fera ôter la bayonnette, & mettre le fusil sur l'épaule.

Si, pour la revûe de l'Inspecteur ou du Commissaire, on veut faire mettre les compagnies sur un même rang, on se servira de la méthode ci-dessus indiquée pour faire border la haie par compagnie.

Alors les Officiers, Sergens & Tambours se placeront sur la même ligne que les Soldats de leur compagnie.

Si on fait défiler les compagnies par quart de rang ou autrement, le Capitaine marchera quatre pas en avant du premier rang de sa compagnie, le Lieutenant à sa gauche un peu en arrière; les Sergens un pas derrière le Lieutenant, & le Tambour un pas derrière les Sergens.

Dans les compagnies où il y aura un drapeau, le Lieutenant marchera à la droite & en arrière du Capitaine, & l'Enseigne à sa gauche.

On fera les livrets dans le même ordre que les compagnies devront être distribuées dans les pelotons.

FAIT à Versailles, le quatorze mai mil sept cent cinquante-quatre. *Signé* M. P. DE VOYER D'ARGENSON.

www.ingramcontent.com/pod-product-compliance
Lightning Source LLC
Chambersburg PA
CBHW070152230526
45471CB00002B/636